Riqueza Infinita

Estrategias Innovadoras para Dominar el Juego

del Dinero

1ª edición

Dunia Chraidi

ÍNDICE

Introducción

En "Riqueza Infinita", te embarcarás en un recorrido transformador que cambiará tu perspectiva sobre el dinero y te brindará las herramientas necesarias para alcanzar la prosperidad duradera. Este no es solo otro libro sobre finanzas personales, es tu boleto para liberarte de las limitaciones económicas y construir una vida llena de éxito y satisfacción. Este libro está diseñado para ser tu guía definitiva hacia la riqueza.

¡Prepárate para transformar tu realidad financiera y alcanzar la prosperidad que siempre has soñado!

Capítulo 1:

Descifrando el ADN del Dinero

Bienvenido al comienzo de tu travesía hacia la riqueza infinita. Este capítulo tiene como objetivo desentrañar los misterios que rodean al dinero y proporcionarte una visión más profunda de tu relación con él. Antes de sumergirnos en estrategias prácticas y tácticas financieras, es esencial comprender las creencias y patrones de pensamiento que han moldeado tu perspectiva sobre la riqueza.

Las creencias arraigadas

Exploraremos las creencias arraigadas desde la infancia que pueden estar afectando tu capacidad para atraer la abundancia financiera. Analizaremos conceptos como "el dinero es la raíz de todos los males" y "es difícil ganar dinero", desafiando estas ideas limitantes y reemplazándolas con enfoques más positivos y proactivos.

Desde la más tierna infancia, absorbemos creencias sobre el dinero que, sin darnos cuenta, influyen en nuestras decisiones financieras a lo largo de la vida. Estas creencias arraigadas actúan como filtros a través de los cuales percibimos y respondemos a las oportunidades económicas. Para iniciar tu viaje hacia la riqueza infinita, es crucial enfrentar estas creencias y redefinir tu relación con el dinero.

Reflexiona sobre las experiencias tempranas que han contribuido a la formación de tus creencias sobre el dinero. ¿Cómo hablaban tus padres acerca de la riqueza? ¿Cuáles eran las actitudes predominantes en tu entorno familiar y social? Al entender el origen de estas creencias, podrás desentrañar su influencia y comenzar a cuestionar su validez en tu vida actual.

Desafiando la Creencia: "El Dinero es la Raíz de Todos los Males"

La creencia de que el dinero es intrínsecamente malo puede tener profundas raíces en nuestra psique. Desglosaremos esta idea, destacando cómo el dinero, en realidad, es una herramienta neutra. Te mostraré ejemplos de individuos que han utilizado su riqueza para hacer el bien en el mundo, desafiando la noción de que la prosperidad está vinculada a la negatividad.

En este viaje de descubrimiento, hemos desglosado la idea de que el dinero, en sí mismo, lleva consigo una carga negativa. Al destacar su naturaleza neutral, podemos comenzar a redefinir nuestra relación con la prosperidad.

Es fundamental reflexionar sobre ejemplos tangibles de individuos que han utilizado su riqueza para contribuir al bien en el mundo. Por ejemplo, Bill y Melinda Gates, fundadores de la Fundación Bill y Melinda Gates. A lo largo de los años, la pareja ha dedicado una parte significativa de su fortuna personal para abordar cuestiones globales de salud, educación y desarrollo.

La Fundación Gates se ha comprometido a mejorar la salud en todo el mundo, trabajando en iniciativas para combatir enfermedades como el VIH, la malaria y la polio. Han financiado programas de vacunación masiva, investigación médica y acceso a servicios de salud en regiones desfavorecidas.

Además, la fundación ha invertido en proyectos educativos para mejorar el acceso a la educación en comunidades desfavorecidas. Han brindado apoyo financiero para el desarrollo de sistemas educativos sostenibles y tecnologías innovadoras que buscan cerrar la brecha educativa.

Bill y Melinda Gates también han dirigido su atención hacia cuestiones de pobreza extrema, seguridad alimentaria y desarrollo económico sostenible. Su enfoque en utilizar su riqueza para abordar problemas sociales y globales es un claro ejemplo de cómo el dinero puede ser una herramienta poderosa para generar un impacto positivo en el mundo. Este compromiso filantrópico ilustra cómo la prosperidad puede ser canalizada hacia iniciativas significativas que beneficien a la humanidad en su conjunto. Estas historias desafían directamente la creencia de que la prosperidad está vinculada a la negatividad. Contempla cómo aquellos que han acumulado riqueza han sido capaces de impactar positivamente en la sociedad, financiando proyectos benéficos, creando oportunidades educativas y mejorando la calidad de vida de otros.

Considera cómo estas acciones demuestran que el dinero, en manos de personas comprometidas con el bien común, puede convertirse en una herramienta poderosa para generar impacto positivo. ¿Qué significaría para ti tener la capacidad de influir en el mundo de manera positiva a través de tu propia prosperidad financiera?

A medida que continuamos nuestro viaje hacia la riqueza infinita, te invito a reflexionar sobre cómo puedes transformar tu percepción del dinero. ¿Cómo podrías utilizar tus recursos para contribuir al bienestar de otros y dejar un impacto positivo en tu comunidad? Esta reflexión no solo es un ejercicio mental, sino también un paso fundamental hacia la construcción de una mentalidad de abundancia que te permita atraer la prosperidad en tu propia vida.

Rompiendo paradigmas

Desmitificar los conceptos erróneos comunes sobre la riqueza es esencial para construir una base sólida. Abordaremos la idea de que la riqueza es exclusiva de unos pocos afortunados y demostraremos que, con la mentalidad correcta, cualquiera puede alcanzar la prosperidad. Desafiaremos la noción de que el dinero es finito y mostraremos cómo la abundancia es accesible para todos.

La Riqueza: No es exclusiva, sino inclusiva

A menudo, se nos ha enseñado a creer que la riqueza es el privilegio de unos pocos afortunados. Sin embargo, examinaremos detenidamente esta idea y descubriremos ejemplos de individuos comunes que han logrado la prosperidad a través de la dedicación, la educación financiera y la toma de decisiones estratégicas. Al comprender que la riqueza no está reservada para una élite, te empoderarás para buscar y crear tus propias oportunidades de crecimiento financiero.

Un ejemplo inspirador es el empresario y autor Chris Gardner, cuya vida sirvió como base para la película "En busca de la felicidad". Gardner pasó de enfrentar la falta de vivienda y la lucha diaria a convertirse en un exitoso corredor de bolsa y empresario.

En lugar de aceptar su situación difícil como una sentencia permanente, Gardner canalizó su dedicación y adoptó una mentalidad resiliente. A través de la educación financiera autodidacta y la toma de decisiones estratégicas, logró superar obstáculos aparentemente insuperables. Su historia ejemplifica que la riqueza no es exclusiva de una élite privilegiada, sino que puede ser alcanzada por aquellos dispuestos a comprometerse con su propio crecimiento financiero.

Al comprender que la riqueza no está reservada para una élite, te empoderarás para buscar y crear tus propias oportunidades de crecimiento financiero. La historia de Chris Gardner es solo uno de los muchos testimonios que demuestran que la prosperidad no está determinada por el estatus social inicial, sino por la voluntad de aprender, la perseverancia y la toma de decisiones estratégicas.

La Mentalidad Correcta: Clave para la prosperidad

¿Qué significa tener la "mentalidad correcta" cuando se trata de la riqueza? Abordaremos esta pregunta crucial y exploraremos las actitudes y enfoques que diferencian a aquellos que alcanzan la prosperidad de aquellos que luchan por salir adelante. Desmitificaremos la idea de que sólo aquellos nacidos con una predisposición especial pueden acumular riqueza, revelando que la mentalidad correcta es algo que todos podemos cultivar y fortalecer a lo largo del tiempo.

Imagínate por un momento a dos personas con habilidades y circunstancias similares, enfrentando la misma oportunidad de crecimiento financiero. ¿Por qué uno alcanza la prosperidad mientras el otro se queda estancado? La respuesta, en gran medida, reside en la mentalidad.

A menudo, se cae en la trampa de la mentalidad limitada, creyendo que solo aquellos con talentos innatos o conexiones privilegiadas pueden acumular riqueza. Esta mentalidad limita nuestras ambiciones y nos hace creer que estamos predestinados a ciertos niveles de éxito financiero. Pero, desmitifiquemos este concepto: la mentalidad correcta es una habilidad que se puede cultivar, independientemente de la genética o las circunstancias iniciales.

La clave es adoptar la llamada "mentalidad de crecimiento". Esta mentalidad ve los desafíos como oportunidades de aprendizaje y el esfuerzo como la senda hacia la maestría. Personas con mentalidad de crecimiento no se desaniman por los fracasos, sino que los ven como parte integral del proceso de crecimiento. Esta actitud abre puertas a la innovación, la perseverancia y la búsqueda constante de mejorar.

La mentalidad correcta también se alimenta de la visualización positiva. Imagina con claridad tus metas financieras, visualiza el camino hacia el éxito y cree en tu capacidad para alcanzarlas. Este ejercicio no es solo fantasía; está respaldado por estudios psicológicos que demuestran que la visualización positiva puede fortalecer la motivación y mejorar el rendimiento.

Otro mito a derribar es la idea de que la riqueza está reservada para aquellos "afortunados". La verdad es que la suerte puede abrir puertas, pero la perseverancia, la preparación y una mentalidad positiva son las llaves para mantenerlas abiertas. Las personas con la mentalidad correcta no dejan su éxito al azar, sino que trabajan diligentemente para crear oportunidades y capitalizarlas cuando se presentan.

Finalmente, la mentalidad correcta implica cultivar la resiliencia financiera. Enfrentarás desafíos y contratiempos en tu viaje hacia la riqueza, pero es tu capacidad para recuperarte, aprender y adaptarte lo que te llevará hacia adelante. La resiliencia financiera es la piedra angular de la mentalidad que te permitirá superar obstáculos y persistir en la búsqueda de tus metas.

Al entender que la mentalidad correcta no es un don exclusivo, sino una habilidad que se puede desarrollar, te liberas de las limitaciones autoimpuestas.

Desafiando la noción de dinero finito

Uno de los mitos más persistentes es la creencia en la finitud del dinero, como si existiera una cantidad fija en el universo. A través de ejemplos históricos y estudios económicos, demostraremos que el dinero no es un recurso agotable. Al entender que la riqueza puede ser generada y multiplicada, te liberarás de la idea limitante de que hay una suma fija de dinero disponible en el mundo.

En muchas culturas, se ha instaurado la idea de que la riqueza es un recurso limitado, como si existiera una bóveda cósmica de la que todos toman su porción y que, eventualmente, se agotará. Pero, rompamos este paradigma y exploremos cómo la perspectiva sobre la abundancia financiera puede transformar radicalmente tu enfoque hacia el dinero.

Imagina el dinero como un enorme pastel financiero que se reparte entre todos. La creencia en la finitud sugiere que hay solo una cantidad fija de porciones, y si alguien toma más, otros tendrán menos. Desafiemos este concepto. En la realidad financiera, el pastel es infinito, y cada persona tiene el potencial de crear su propia porción. La generación de riqueza no implica quitarle a otros; más bien, se trata de expandir el pastel para que todos puedan disfrutar de una rebanada más grande.

Observemos ejemplos históricos que desafían la creencia en la finitud del dinero. Durante el Renacimiento, el auge económico y cultural en Europa no se tradujo en una disminución de la riqueza total. Más bien, la creación de nuevas oportunidades comerciales, innovaciones financieras y descubrimientos en el ámbito de la ciencia demostraron que la riqueza no es estática; puede crearse y multiplicarse a medida que la sociedad avanza.

La economía moderna también ofrece ejemplos convincentes. La creación de nuevos productos y servicios, la innovación tecnológica y la apertura de mercados internacionales no agotan la riqueza; la expanden. La interconexión global y la capacidad de generar valor han demostrado que el dinero fluye y se multiplica cuando se invierte sabiamente en iniciativas productivas.

Desafiar la noción de dinero finito implica adoptar una mentalidad de abundancia. En lugar de ver la riqueza como un recurso escaso, reconoce que el potencial de generación de riqueza es infinito. La mentalidad de abundancia te permite explorar oportunidades, asumir riesgos calculados y participar activamente en la creación de valor económico.

La clave está en comprender los multiplicadores financieros: inversiones, emprendimientos y estrategias que generan retornos mayores que la inversión inicial. Al invertir de manera inteligente, no solo preservas tu capital, sino que también lo haces crecer exponencialmente. Esta perspectiva desafía la idea de que hay un límite para lo que puedes lograr financieramente.

Desmitificar la creencia en la finitud del dinero es liberador. Al entender que la riqueza no tiene un tope predefinido, te empoderas para explorar nuevas posibilidades y buscar oportunidades que antes podrían haber parecido inalcanzables. Prepárate para romper las cadenas de la limitación financiera y adoptar una mentalidad que te lleve a un viaje de crecimiento económico continuo. La riqueza no es finita; es un océano en el que todos podemos sumergirnos y navegar hacia horizontes más prósperos.

Abundancia para todos: Accesible y Alcanzable

El fascinante mundo de la abundancia financiera, un espacio donde las oportunidades se expanden a lo largo y ancho, disponible para todos aquellos dispuestos a emprender el viaje hacia la transformación financiera. Derribemos el mito arraigado de que la prosperidad es un privilegio reservado para unos pocos afortunados, revelando con ejemplos concretos que está al alcance de cualquier persona que aborde la vida financiera con esfuerzo, planificación y una mentalidad positiva.

Conozcamos a Laura, una madre soltera que, enfrentando la adversidad, construyó su propio imperio de negocios desde cero. Laura, apasionada por la repostería, comenzó vendiendo *cupcakes* desde su cocina. A medida que crecía, los desafíos financieros no tardaron en aparecer. Un aumento repentino en la competencia y la necesidad de expandirse la llevaron a contraer deudas. Sin embargo, en lugar de rendirse, Laura diversificó su oferta, introduciendo productos únicos y utilizando las redes sociales para llegar a un público más amplio.

La verdadera lección de Laura es que los desafíos son oportunidades disfrazadas. Cada obstáculo se convirtió en una lección y un trampolín para su éxito. Laura no solo superó obstáculos financieros, sino que los convirtió en peldaños que la llevaron a nuevas alturas.

Por otro lado, conozcamos a Carlos, un hombre de origen modesto que, a través de la gestión inteligente de sus recursos y la identificación de oportunidades de inversión, multiplicó su patrimonio a lo largo del tiempo. Carlos no nació en una familia adinerada; sus padres eran trabajadores de clase media.

La clave del éxito de Carlos radicó en su educación financiera y su capacidad para tomar decisiones estratégicas. Se educó diligentemente sobre inversiones y, en lugar de gastar indiscriminadamente, ahorró e invirtió sabiamente. Carlos no solo acumuló riqueza; también se convirtió en un ejemplo viviente de cómo el esfuerzo y la educación financiera pueden nivelar el campo de juego. La planificación estratégica se presenta como una herramienta esencial en tu arsenal mientras te aventuras hacia la abundancia.

Ahora hablemos de Ana, una profesional de clase media que, estableciendo metas financieras claras y elaborando un plan a largo plazo, logró liberarse de deudas y crear un fondo de emergencia. Ana no solo estableció metas financieras, sino que también implementó cambios significativos en su estilo de vida.

Decidió recortar gastos innecesarios, priorizar su presupuesto y concentrarse en el ahorro. Contrató a un asesor financiero para diseñar un plan personalizado. Ana comprendió que la planificación no solo reside en definir metas, sino en comprometerse activamente en cambiar hábitos para alcanzarlas. Su historia nos enseña que la disciplina y la planificación a largo plazo son la clave para una transformación financiera sostenible. La mentalidad positiva se erige como el motor que impulsa tu travesía hacia la abundancia.

Tomemos el ejemplo de Juan, un hombre común que, al adoptar afirmaciones positivas y visualizar su éxito financiero, transformó su actitud hacia el dinero y abrió nuevas oportunidades. Juan, al inicio, se encontraba atrapado en la mentalidad de escasez, siempre preocupado por no tener lo suficiente.

Decidió cambiar su diálogo interno y comenzó cada día con afirmaciones positivas. Visualizaba sus éxitos financieros y se enfocaba en soluciones en lugar de problemas. Además, buscó constantemente nuevas formas de crecimiento financiero, desde educarse en inversiones hasta explorar oportunidades de emprendimiento. Su cambio de mentalidad no solo mejoró su bienestar financiero, sino que también atrajo oportunidades que antes le parecían inalcanzables. Comprendiendo que la abundancia es accesible para todos, encontrarás la motivación para perseguir tus sueños financieros.

Por otra parte, tenemos a Marta, una mujer que identificó claramente sus sueños financieros. Desde la compra de una casa hasta la creación de un fondo educativo para sus hijos, Marta no solo soñó despierta; desarrolló un plan de acción y tomó medidas concretas para alcanzar sus metas.

Marta buscó asesoramiento financiero, ahorró diligentemente y realizó inversiones estratégicas. La clave de su éxito radicó en convertir sus sueños en metas concretas y alcanzables. Su historia nos enseña que los sueños sin acción son simplemente deseos. Con un plan claro y acciones consistentes, puedes convertir tus sueños en realidad. Marta ahora disfruta de la vida que imaginó y demuestra que la abundancia es el resultado de la acción enfocada y la determinación.

Construyendo tu propio camino hacia la riqueza

Esta sección del libro no solo desafía paradigmas, sino que también te empodera para construir tu propio camino hacia la riqueza. A lo largo de estas páginas, te daré herramientas prácticas y tácticas destinadas a transformar tu enfoque mental para cultivar una mentalidad de abundancia en tu vida.

Imagínate rompiendo las barreras autoimpuestas que han limitado tu perspectiva financiera hasta ahora. Este viaje no solo es un desafío, sino una invitación a explorar un mundo de posibilidades financieras sin límites. Al final de esta travesía, te encontrarás mejor equipado para trazar un camino único hacia la riqueza, un camino que es genuinamente accesible para todos.

Es hora de cambiar la narrativa y comenzar a visualizar una realidad en la que la abundancia es una constante en tu vida. A través de ejercicios prácticos, reflexiones profundas y estrategias probadas, descubrirás cómo desbloquear tu potencial financiero y abrir la puerta a un futuro lleno de prosperidad.

Prepárate para desafiar tus creencias, superar las limitaciones autoimpuestas y descubrir un mundo donde la riqueza no solo es un sueño, sino una meta alcanzable. Estás a punto de iniciar una travesía que cambiará tu perspectiva y te permitirá construir tu propio camino hacia la riqueza.

Identificando bloqueos mentales

Muchas veces, los bloqueos mentales actúan como obstáculos invisibles en nuestro camino hacia el éxito financiero. Exploraremos los miedos y las limitaciones que pueden estar frenando tu capacidad para tomar decisiones financieras audaces. Aprenderás a reconocer y superar estos obstáculos, allanando el camino hacia una mentalidad abierta y receptiva a la prosperidad. ¿Te has sentido alguna vez atrapado por miedos y limitaciones que parecen nublar tu capacidad para tomar decisiones financieras audaces? Únete a nosotros mientras desentrañamos estos obstáculos invisibles y te ofrecemos estrategias prácticas para superarlos, allanando así el camino hacia una mentalidad abierta y receptiva a la prosperidad.

Imagine por un momento caminar por un sendero en la oscuridad, tropezando con obstáculos que no puede ver. Estos obstáculos son los bloqueos mentales que a menudo operan en las sombras de nuestra psique. Por ejemplo, consideremos el miedo al cambio. A menudo, este miedo se disfraza de comodidad, impidiéndonos explorar nuevas oportunidades financieras. A través de ejemplos prácticos y cautivadores estudios de casos, descubrirás cómo estos obstáculos pueden convertirse en barreras aparentemente insuperables, pero no inamovibles.

Cierro los ojos y me enfrento a mis miedos financieros. ¿El temor al fracaso? ¿La ansiedad por la escasez? Estas sombras oscuras afectan nuestras decisiones más de lo que imaginamos. Aquí, te guiaré a través del poder transformador de la conciencia. Por ejemplo, considera la ansiedad por la escasez: al reconocer y comprender su origen, puedes liberarte de su control y comenzar a tomar decisiones financieras basadas en la confianza en lugar de en la preocupación constante.

Imagina las creencias arraigadas sobre el dinero como cadenas invisibles que limitan tu vuelo financiero. ¿Has sentido que ciertos logros son inalcanzables debido a creencias autoimpuestas? Te explicaré cómo estas creencias, a menudo moldeadas por experiencias pasadas y narrativas culturales, pueden convertirse en cadenas. Pero aquí hay una revelación emocionante: te mostraré cómo puedes desafiar y reconstruir estas creencias, liberándote para pasar de la limitación autoimpuesta a la acción audaz y proactiva.

Imagina un sendero iluminado por estrategias prácticas que allanan el camino hacia una mentalidad próspera. Desde la práctica de la gratitud hasta el establecimiento de metas financieras claras, descubrirás herramientas poderosas para transformar tu enfoque mental. Por ejemplo, considera el simple acto de la gratitud diaria por tus logros financieros, por pequeños que sean. Este ejercicio cambia radicalmente tu perspectiva, liberándote del enfoque en lo que falta y abriéndote a un mundo de posibilidades financieras sin límites.

Así que, prepárate para un viaje que te llevará más allá de las limitaciones autoimpuestas, hacia una mentalidad que no solo visualiza la abundancia, sino que la hace realidad. Tu viaje hacia la riqueza está destinado a ser una experiencia reveladora y transformadora. ¿Estás listo para desafiar tus propias barreras y abrirte camino hacia una mentalidad próspera? ¡El viaje apenas comienza!

Creando una Mentalidad de Abundancia

Construir una mentalidad de abundancia es la clave para atraer el dinero en tu vida. Te daré técnicas prácticas de visualización y afirmación que te ayudarán a reprogramar tu mente para la riqueza. Descubrirás cómo cambiar tu enfoque de la escasez a la abundancia, estableciendo las bases para un futuro financiero sólido y duradero.

-Técnica de Visualización detallada:

La visualización detallada es como crear una película mental de tus éxitos financieros. Encuentra un lugar tranquilo, cierra los ojos y sumérgete en tu visión. Imagina tu hogar soñado: cada detalle, desde el diseño interior hasta el paisaje exterior. Siente la textura de los muebles, huele los aromas familiares. ¿Te ves manejando el auto de tus sueños? Si es así, siente la emoción al sostener el volante. Esta práctica ayuda a tu mente a aceptar estas imágenes como realidades futuras.

Por ejemplo, si tu meta es comprar una casa, visualízala con claridad. Imagina las habitaciones, la decoración, los momentos felices con tus seres queridos en ese espacio. Siente la gratitud por haber alcanzado esta meta financiera.

-Afirmaciones Positivas:

Las afirmaciones positivas son como semillas que plantas en tu mente subconsciente. Crea afirmaciones específicas y positivas relacionadas con tus metas financieras. Por ejemplo, "Cada día estoy más cerca de mi libertad financiera" o "Mis ingresos aumentan constantemente". Repite estas afirmaciones con convicción todos los días, preferiblemente por la mañana y antes de dormir.

Por ejemplo, "Soy merecedor de la riqueza y la abundancia. Atraigo oportunidades financieras que conducen al éxito y la prosperidad en mi vida."

-Tablero de Visiones o "Vision Board":

Construir un tablero de visiones es una práctica creativa que ancla tus metas en la realidad tangible. Recopila imágenes de revistas o imprime fotos que representen tus objetivos financieros. Si sueñas con viajar, agrega imágenes de destinos exóticos. Incluye palabras o frases que te inspiren. Coloca el tablero en un lugar visible para recordarte constantemente tus metas financieras.

Por ejemplo, si tu sueño es emprender, incluye imágenes que representen el éxito empresarial, clientes felices y el logro de tus metas financieras.

-Práctica de Gratitud Financiera:

La gratitud por lo que ya tienes abre las puertas a más bendiciones. Todos los días, reflexiona sobre tus logros financieros, por pequeños que sean. Agradece por tus ingresos actuales, por las lecciones aprendidas en el camino y por cualquier mejora en tu situación financiera.

Por ejemplo, "Hoy agradezco la estabilidad financiera que tengo. Aprecio cada ingreso que llega a mí y estoy emocionado por el crecimiento que experimentaré en el futuro."

-Crear un mantra financiero personalizado:

Tu mantra financiero debe resonar profundamente contigo. Desarrolla una frase que encapsule tu creencia en la abundancia y la prosperidad. Puede ser algo como "Mi capacidad para generar riqueza es ilimitada y constante". Repite este mantra con confianza y convicción, permitiendo que penetre en tu subconsciente.

Por ejemplo, "Soy un imán para la abundancia. Cada día, las oportunidades financieras fluyen hacia mí, creando un camino sólido hacia mi libertad financiera".

La consistencia en estas prácticas te ayudará a reprogramar tu mente gradualmente, estableciendo las bases sólidas para un futuro financiero abundante y duradero. Recuerda, la paciencia y la fe en tus capacidades son clave en este proceso transformador.

Este capítulo no solo ha sido una exploración de las creencias arraigadas y los patrones de pensamiento, sino también una invitación a reconstruir tu relación con el dinero. Al descifrar el ADN del dinero, estás dando los primeros pasos hacia una transformación profunda y duradera en tu enfoque financiero. En los capítulos siguientes, llevaremos esta base y la ampliaremos con estrategias y tácticas concretas para construir una verdadera riqueza infinita. Prepárate para liberar tu potencial financiero.

Capítulo 2:
La Psicología del Éxito Financiero

Aprender a superar los bloqueos mentales que impiden tu progreso financiero y adquirir la mentalidad de un verdadero maestro del dinero es fundamental. En este cautivador capítulo, exploraremos las complejidades de las mentes financieramente exitosas y aprenderemos a superar los bloqueos mentales que a menudo impiden nuestro progreso financiero.

Rompiendo con creencias limitantes

Derrumbaré las creencias limitantes arraigadas que podrían estar actuando como obstáculos en tu camino hacia el éxito financiero. Analizaremos cómo las creencias negativas sobre el dinero pueden influir en tus decisiones y limitar tu capacidad para alcanzar tus metas. Tendrás las estrategias para redefinir estas creencias y abrir nuevas posibilidades de prosperidad.

Las creencias limitantes son construcciones mentales arraigadas que actúan como obstáculos en el camino hacia el éxito financiero. Estas nociones negativas, a menudo adquiridas a lo largo de experiencias de vida, pueden moldear la relación de una persona con el dinero y, en última instancia, condicionar sus decisiones y metas financieras. Identificar y superar estas creencias es esencial para desbloquear el potencial y abrir las puertas a nuevas oportunidades de prosperidad.

Creencias limitantes comunes

"El dinero es la raíz de todos los males": Como comentaba anteriormente, esta creencia arraigada puede surgir de valores culturales o experiencias personales negativas asociadas con el dinero. La idea de que la riqueza conlleva problemas morales puede limitar las aspiraciones financieras y generar sentimientos de culpa por buscar el éxito económico.

"Nunca seré lo suficientemente rico": Esta creencia autolimitante a menudo está vinculada a la autoestima y la autovaloración. Las experiencias pasadas de falta de recursos pueden generar la percepción de que la riqueza está fuera del alcance, lo que limita la disposición para perseguir metas financieras ambiciosas.

"El éxito financiero es para otros, no para mí": Esta creencia puede surgir de comparaciones constantes con los demás o de la falta de modelos a seguir exitosos en la vida de una persona. La sensación de no merecer el éxito financiero puede convertirse en un obstáculo significativo.

Influencia de creencias negativas sobre el dinero

Las creencias negativas sobre el dinero tienen el poder de moldear las decisiones financieras y limitar la capacidad para alcanzar metas. Por ejemplo, alguien que internaliza la creencia de que "el dinero es la raíz de todos los males" podría evitar oportunidades de inversión por temor a ser percibido como codicioso o inmoral. De manera similar, la creencia de que "Nunca seré lo suficientemente rico" podría conducir a una falta de ambición en la búsqueda de oportunidades financieras, limitando así el crecimiento económico personal.

Además, la percepción de que "El éxito financiero es para otros, no para mí" puede llevar al autosabotaje, donde se evitan activamente las acciones que podrían conducir al éxito debido a una profunda creencia subyacente de que no se es digno de prosperidad.

Estrategias para redefinir creencias limitantes

- *Autoconocimiento*: Reflexiona sobre tus creencias sobre el dinero. Identifica creencias limitantes y reconoce cómo han influido en tus decisiones financieras hasta ahora.

- *Cuestionamiento de creencias*: Interroga cada creencia limitante. Pregúntate si realmente se ajusta a tu realidad actual o si es una narrativa que puedes cambiar.

- *Reemplazo con creencias positivas*: Sustituye las creencias limitantes por afirmaciones positivas y realistas. Por ejemplo, reemplaza "Nunca seré lo suficientemente rico" con "Estoy en constante crecimiento financiero y merezco alcanzar mis metas".

- *Educación financiera*: Aprende sobre finanzas personales y éxito financiero. Cuanto más conocimiento adquieras, más empoderado te sentirás para desafiar y cambiar tus creencias limitantes.

- *Visualización positiva*: Imagina y visualiza tus metas financieras alcanzadas. Este ejercicio ayuda a reprogramar tu mente y a fortalecer la creencia en tu capacidad para alcanzar el éxito financiero.

Al romper con creencias limitantes, puedes liberar tu potencial y abrir nuevas posibilidades de prosperidad. La clave está en el autoconocimiento, la voluntad de cuestionar y cambiar las creencias negativas, y el compromiso con el desarrollo personal y financiero continuo.

Identificación de bloqueos mentales

En esta sección, nos adentraremos en el complejo terreno de las barreras mentales que pueden convertirse en obstáculos en el camino hacia el éxito financiero. Estas barreras, a menudo sutiles pero poderosas, pueden manifestarse de diversas maneras, desde miedos profundamente arraigados hasta patrones de pensamiento negativos que sabotean silenciosamente las aspiraciones financieras. Exploraremos cómo reconocer y abordar estos bloqueos para liberar el potencial financiero y avanzar hacia el éxito.

Tipos de barreras mentales

- *Miedo al fracaso*: El miedo al fracaso puede paralizar a las personas, impidiendo la toma de decisiones arriesgadas pero potencialmente beneficiosas. Una solución para superar este miedo es cambiar la percepción del fracaso. En lugar de verlo como un obstáculo insuperable, concédele el valor de una lección valiosa. Por ejemplo, imagina a alguien que desea emprender su propio negocio pero teme el fracaso. En lugar de quedarse paralizado por ese temor, podría adoptar la mentalidad de aprender de cualquier desafío y considerar cada "fracaso" como una oportunidad de crecimiento y mejora para el próximo intento.

- *Autoimagen negativa*: La baja autoestima puede actuar como una barrera que hace que una persona se sienta indigna de alcanzar el éxito financiero. La solución radica en el cultivo de la autoaceptación y el reconocimiento de la valía personal. Por ejemplo, alguien con baja autoestima podría trabajar en construir su autoconfianza a través de afirmaciones positivas y celebrando sus logros, incluso los más pequeños. Establecer metas realistas y alcanzables puede ser una forma efectiva de construir gradualmente una imagen más positiva de uno mismo.

- *Miedo al éxito*: El miedo al éxito es más común de lo que se piensa y puede limitar las aspiraciones. Para superar este miedo, es crucial desmitificar el éxito y entender que conlleva tanto desafíos como recompensas. Por ejemplo, una persona que teme el éxito profesional podría comenzar estableciendo metas pequeñas y celebrando los logros alcanzados. Además, es esencial cambiar la perspectiva del éxito, viéndolo como un camino de crecimiento y desarrollo personal en lugar de una carga de expectativas abrumadoras.

- *Creencias limitantes*: Las creencias limitantes pueden restringir la percepción de lo que es posible lograr financieramente. La solución implica desafiar activamente estas creencias y reemplazarlas con pensamientos más positivos y empoderadores. Imagina a alguien que ha internalizado la creencia de "El dinero no crece en los árboles". Puede redefinir esta creencia reconociendo que hay múltiples oportunidades para generar ingresos y que su capacidad para crear riqueza no está limitada por ideas preconcebidas.

- *Pensamientos catastrofistas:* Anticipar siempre lo peor puede ser una barrera mental significativa. Para superar esta barrera, es crucial cultivar la perspectiva de que los desafíos son parte natural de la vida y no inevitables catástrofes. Por ejemplo, alguien que siempre imagina lo peor al invertir en el mercado financiero podría educarse sobre estrategias de gestión de riesgos y aprender a ver las fluctuaciones del mercado como oportunidades para aprender y ajustar su enfoque.

Reconociendo y abordando los bloqueos mentales

- *Autoevaluación honesta*: Tomarse el tiempo para reflexionar sobre los propios miedos, creencias y pensamientos es esencial. Pregúntate a ti mismo cuáles son tus mayores temores financieros y si existen patrones de pensamiento que te están limitando.
- *Identificación de patrones de pensamiento*: Observa tus pensamientos de manera consciente. ¿Tienes

tendencia a pensar negativamente sobre el dinero o sobre tu capacidad para lograr el éxito financiero? Identificar estos patrones es el primer paso para cambiarlos.

- *Exploración de orígenes*: Examina de dónde provienen tus miedos y creencias limitantes. ¿Son herencias familiares, experiencias pasadas o influencias externas? Comprender el origen de estos bloqueos puede ayudarte a abordarlos de manera más efectiva.

- *Establecimiento de metas claras*: Define metas financieras claras y alcanzables. Tener un objetivo concreto puede ayudarte a superar el miedo al fracaso y proporcionar una dirección clara para tu éxito financiero.

- *Apoyo profesional*: La asesoría financiera o la consulta con un profesional de la salud mental puede ser invaluable. Un experto puede proporcionar orientación específica y estrategias personalizadas para superar barreras mentales.

- *Prácticas de mindfulness*: La atención plena o mindfulness puede ayudar a calmar la mente y reducir la ansiedad. La práctica regular de la atención plena puede ser una herramienta poderosa para abordar pensamientos negativos y miedos arraigados.

Al abordar estas barreras mentales, podrás liberar tu potencial financiero y desbloquear las puertas hacia el éxito. El viaje hacia el bienestar financiero comienza con el reconocimiento y la superación de estas barreras, permitiendo así una transformación significativa en la relación de uno mismo con el dinero y las oportunidades financieras.

Psicología de la Abundancia

Sumergirse en la mentalidad de abundancia es un paso esencial en el viaje hacia el éxito financiero. La mentalidad de abundancia va más allá de simplemente acumular riqueza; es una forma de pensar y actuar que impulsa la atracción de prosperidad y oportunidades. En esta sección, exploraremos en detalle qué implica tener una mentalidad de abundancia, analizaremos cómo piensan algunas personas exitosas y te proporcionaré herramientas prácticas para cultivar y fortalecer esta perspectiva positiva.

La mentalidad de abundancia es la creencia profunda de que hay suficientes recursos, oportunidades y éxito para todos. Quienes la poseen no ven la vida como una competencia limitada, sino como un campo fértil de posibilidades ilimitadas. Tener una mentalidad de abundancia implica la convicción de que el éxito de los demás no disminuye el propio, y que la prosperidad es un estado natural al que todos pueden acceder.

Cómo piensan las personas exitosas con mentalidad de abundancia

Enfoque en oportunidades: Las personas con mentalidad de abundancia ven cada situación como una oportunidad para crecer y aprender. En lugar de temer los desafíos, los abrazan como experiencias enriquecedoras.

Imagina a Elon Musk, el visionario empresario y fundador de SpaceX y Tesla. En lugar de ver los desafíos del espacio como obstáculos insuperables, Musk abrazó cada oportunidad como una experiencia enriquecedora. A pesar de los numerosos reveses en sus proyectos espaciales, como los primeros lanzamientos fallidos de SpaceX, Musk vio cada fracaso como un aprendizaje fundamental. Este enfoque en las oportunidades lo llevó a seguir innovando y mejorando, convirtiendo a SpaceX en una de las compañías líderes en la exploración espacial.

Celebración del éxito ajeno: En lugar de sentir envidia o competencia, quienes tienen una mentalidad de abundancia celebran los éxitos de los demás. Reconocen que el éxito de otros no reduce las oportunidades disponibles, sino que puede inspirar y abrir nuevas puertas.

Warren Buffett, el exitoso inversor y presidente de Berkshire Hathaway, es un ejemplo destacado de alguien que celebra el éxito ajeno. A lo largo de su carrera, Buffett ha elogiado públicamente a otros inversionistas exitosos y ha compartido su respeto por sus logros. En lugar de ver a otros inversionistas como competencia, Buffett reconoce que el éxito financiero es un terreno amplio y que hay suficientes oportunidades para que muchos prosperen. Su capacidad para celebrar el éxito de los demás ha contribuido a su propia longevidad y éxito en el mundo de las inversiones.

Agradecimiento constante: La gratitud es una característica clave. Aquellos con mentalidad de abundancia reconocen y aprecian lo que tienen en el presente, lo que a su vez abre las puertas a más bendiciones en el futuro.

Oprah Winfrey, la influyente presentadora de televisión y empresaria, es conocida por su práctica constante de la gratitud. A lo largo de su carrera, Oprah ha expresado públicamente su agradecimiento por cada oportunidad y éxito que ha tenido. Desde sus humildes comienzos hasta convertirse en una figura influyente, Oprah mantiene una perspectiva agradecida. Este constante reconocimiento y aprecio por lo que tiene en el presente han sido clave para su éxito continuo y su impacto positivo en el mundo.

Visión a largo plazo: Piensan estratégicamente y mantienen una visión a largo plazo. En lugar de buscar ganancias inmediatas, están dispuestos a invertir tiempo y esfuerzo en proyectos que puedan generar beneficios sostenibles a largo plazo.

Bill Gates, el cofundador de Microsoft, es un claro ejemplo de alguien que piensa estratégicamente y mantiene una visión a largo plazo. A lo largo de su carrera, Gates invirtió tiempo y esfuerzo en proyectos que no buscaban ganancias inmediatas, como la filantropía y la investigación en salud global. Su visión a largo plazo para mejorar la calidad de vida de las personas ha llevado a la creación de la Fundación Bill y Melinda Gates (como comentábamos anteriormente), que ha tenido un impacto significativo en la lucha contra enfermedades y la mejora de la educación en todo el mundo. La dedicación de Gates a proyectos sostenibles a largo plazo demuestra cómo una mentalidad de abundancia puede trascender el ámbito financiero y crear un impacto duradero.

Cómo actúan para tener éxito:

En el camino hacia el éxito financiero, quienes adoptan una mentalidad de abundancia se distinguen por su disposición a compartir conocimiento y recursos sin temor. Conscientes de que al contribuir al crecimiento de los demás también están fortaleciendo su propio camino hacia el éxito, estas personas rompen con la idea de la competencia desmedida y abrazan la filosofía de que el éxito es un terreno donde todos pueden prosperar conjuntamente.

Además, aquellos con una mentalidad de abundancia muestran una dedicación constante a su desarrollo personal. Buscan incesantemente oportunidades para aprender y crecer, invirtiendo en su crecimiento a través de diversos medios como la educación continua, la lectura voraz, la participación en seminarios inspiradores y la búsqueda activa de mentorías que les permitan expandir sus conocimientos y habilidades.

La toma de decisiones audaz es otra característica distintiva de aquellos con una mentalidad de abundancia. A pesar de los riesgos inherentes, estas personas están dispuestas a enfrentar decisiones audaces, viendo los obstáculos como desafíos superables en lugar de barreras insuperables. Creer en su propio potencial les permite enfrentar la incertidumbre con valentía y trascender las limitaciones autoimpuestas.

Por último, la creación y mantenimiento de una red de relaciones positivas y colaborativas es esencial para aquellos que abrazan la mentalidad de abundancia. Buscan activamente conexiones que sean mutuamente beneficiosas, construyendo una red de apoyo que no solo fortalece sus propias oportunidades, sino que también fomenta el crecimiento colectivo. En lugar de ver a otros como competidores, cultivan relaciones que permiten el intercambio de ideas, recursos y apoyo, generando un entorno propicio para el florecimiento de todos los involucrados.

Herramientas para cultivar una Mentalidad de Abundancia:

En la búsqueda de una mentalidad de abundancia, es fundamental incorporar prácticas diarias que refuercen este enfoque positivo hacia la vida y el éxito financiero. Aquí hay algunas estrategias que puedes adoptar para cultivar y fortalecer una mentalidad de abundancia en tu día a día:

Práctica de la gratitud diaria: Reserva un tiempo cada día para reflexionar sobre las cosas por las que te sientes agradecido. Esta práctica ayuda a cambiar tu enfoque de lo que falta en tu vida a reconocer y apreciar lo que ya tienes. Al cultivar la gratitud diariamente, estarás entrenando tu mente para ver las bendiciones presentes en tu vida, creando un terreno fértil para la atracción de más prosperidad.

Afirma tus metas positivas: Crea afirmaciones positivas relacionadas con la abundancia y repítelas diariamente. Por ejemplo, puedes decirte a ti mismo frases como "La prosperidad fluye hacia mí constantemente" o "Tengo la capacidad de crear abundancia en mi vida". Estas afirmaciones refuerzan una mentalidad positiva y actúan como recordatorios poderosos de tu capacidad para atraer el éxito financiero.

Visualización de éxito: Dedica tiempo a visualizar tus metas alcanzadas. Cierra los ojos e imagina vívidamente cada detalle de tu éxito financiero. Siente las emociones positivas asociadas con lograr esas metas. Al hacer de esta práctica una rutina diaria, estás programando tu mente para aceptar el éxito como una realidad presente y futura.

Elimina el lenguaje negativo: Presta atención a tu lenguaje interno y elimina las palabras y frases negativas relacionadas con la escasez. Convierte expresiones negativas en positivas y optimistas. Por ejemplo, reemplaza "No puedo permitirme eso" con "Estoy trabajando para lograrlo". Al cambiar tu lenguaje, estás cambiando tu percepción y atrayendo más positivismo a tu vida.

Educación financiera continua: Mantente informado sobre cuestiones financieras. La educación financiera continua te empodera al proporcionarte conocimientos sobre cómo gestionar tu dinero de manera efectiva. Además, te ayuda a ver las oportunidades en lugar de los obstáculos, permitiéndote tomar decisiones financieras informadas y alineadas con tu visión de abundancia y éxito.

Cultivar una mentalidad de abundancia no solo es clave para el éxito financiero, sino también para una vida plena y satisfactoria. Al adoptar este enfoque positivo, no solo atraes prosperidad a tu vida, sino que también contribuyes a un entorno en el que todos pueden florecer y alcanzar sus metas. La mentalidad de abundancia es una herramienta poderosa que puede transformar tu relación con el dinero y abrir las puertas a un futuro lleno de éxitos financieros duraderos.

El papel de la Automotivación

La automotivación emerge como un pilar fundamental en el camino hacia el éxito financiero, siendo un componente esencial que impulsa la persistencia, la resiliencia y el enfoque necesario para alcanzar metas financieras a largo plazo. En esta sección, profundizaremos en el concepto de automotivación, exploraremos su importancia en el contexto financiero, analizaremos estrategias efectivas para mantenerla elevada, incluso frente a desafíos económicos, y examinaremos la estrecha relación entre la autodisciplina y el logro sostenido de metas financieras.

Definiendo la *Automotivación*

La automotivación es la fuerza interna que impulsa a una persona a actuar y perseguir sus metas, incluso en ausencia de estímulos externos directos. En el ámbito financiero, implica mantener un impulso constante para tomar decisiones financieras informadas, trabajar hacia objetivos específicos y perseverar a pesar de los obstáculos financieros que puedan surgir.

Importancia de la Automotivación en el éxito financiero

La automotivación juega un papel crucial en el éxito financiero por varias razones. En primer lugar, en el complejo mundo financiero, donde los desafíos son inevitables, la automotivación actúa como el combustible que impulsa la persistencia y la determinación. Además, al ser intrínseca, la automotivación permite a las personas superar las fluctuaciones económicas y mantenerse enfocadas en sus objetivos a largo plazo, incluso cuando las circunstancias son adversas.

La automotivación también se relaciona con la toma de decisiones financieras más informadas y conscientes. Aquellos con una fuerte automotivación tienden a buscar constantemente oportunidades para aprender y mejorar sus habilidades financieras, lo que contribuye a la toma de decisiones más acertadas y al logro de metas financieras más ambiciosas.

Estrategias para mantener alta la Automotivación

- *Establecimiento de metas claras:* Definir metas financieras claras y específicas proporciona un sentido de propósito y dirección. Las metas actúan como un faro que guía la automotivación hacia logros tangibles.

- *Celebración de pequeños logros:* Reconocer y celebrar pequeños logros financieros refuerza la motivación. Estos hitos, aunque modestos, son testimonios de progreso y actúan como impulsores para metas más grandes.

- *Mantenimiento de una actitud positiva*: Cultivar una mentalidad positiva incluso ante desafíos financieros es esencial. La actitud positiva alimenta la automotivación, permitiendo abordar problemas con una perspectiva constructiva.

- *Adaptabilidad y resiliencia*: La capacidad para adaptarse a cambios financieros y recuperarse de contratiempos fortalece la automotivación. La resiliencia permite aprender de experiencias negativas y seguir adelante con determinación renovada.

Autodisciplina y logro de metas financieras a largo plazo

La autodisciplina y la automotivación son aliadas inseparables en el viaje hacia el éxito financiero. La autodisciplina implica la capacidad de resistir tentaciones a corto plazo en pos de objetivos a largo plazo. Ambas cualidades se potencian mutuamente: la automotivación impulsa a establecer metas, mientras que la autodisciplina proporciona el marco estructurado para trabajar sistemáticamente hacia ellas.

Cuando la automotivación se combina con la autodisciplina, se establece un sólido fundamento para el logro sostenido de metas financieras a largo plazo. La autodisciplina actúa como el catalizador que transforma las aspiraciones en acciones concretas, asegurando que los esfuerzos estén alineados con los objetivos financieros establecidos.

En resumen, la automotivación no solo es esencial para el éxito financiero, sino que también colabora estrechamente con la autodisciplina para impulsar el progreso constante y la consecución de metas financieras duraderas. Al entender y cultivar estas cualidades, se sientan las bases para una trayectoria financiera exitosa y sostenible a lo largo del tiempo.

Construyendo una Mentalidad de Inversionista

En esta sección, nos sumergiremos en el intrigante mundo de la psicología del inversionista, explorando desde la gestión del riesgo hasta la toma de decisiones informada. Investigaremos los fundamentos de una mentalidad de inversionista y por qué es crucial para el éxito financiero. Además, analizaremos la psicología detrás de inversiones exitosas, utilizando ejemplos concretos para ilustrar cómo los inversionistas destacados han abordado el mundo financiero, y cómo tú, como lector, puedes cultivar una mentalidad similar.

Definiendo la Mentalidad de Inversionista

La mentalidad de inversionista va más allá de simplemente comprar y vender activos financieros. Implica una comprensión profunda de los mercados, la capacidad de gestionar riesgos de manera efectiva y la habilidad para tomar decisiones informadas en busca de rendimientos sostenibles. Esta mentalidad no solo implica ver el dinero como un medio de intercambio, sino como una herramienta que puede trabajar a tu favor para generar crecimiento y seguridad financiera.

Importancia de adoptar una Mentalidad de Inversionista

Adoptar una mentalidad de inversionista es esencial para el individuo que busca el éxito financiero por varias razones. En primer lugar, proporciona una perspectiva a largo plazo, fomentando la paciencia y la disciplina en lugar de la búsqueda de ganancias rápidas. La mentalidad de inversionista también implica una comprensión sólida de los principios financieros, permitiendo tomar decisiones informadas y gestionar el dinero de manera estratégica.

Psicología detrás de inversiones exitosas

La psicología juega un papel fundamental en el éxito de los inversionistas. Tomemos el ejemplo de Warren Buffett, una figura icónica en el mundo de las inversiones. Buffett, conocido por su enfoque de inversión a largo plazo, muestra una notable capacidad para mantener la calma en momentos de volatilidad del mercado. Su habilidad para resistir las fluctuaciones emocionales y tomar decisiones racionales se traduce en un historial exitoso de inversiones.

Gestión del riesgo

Los inversionistas exitosos comprenden la importancia de la gestión del riesgo. Por ejemplo, Ray Dalio, fundador de Bridgewater Associates, ha destacado la necesidad de diversificación y asignación de activos para mitigar riesgos. Entender cómo proteger el capital y equilibrar el riesgo es crucial para preservar y hacer crecer el patrimonio a lo largo del tiempo.

Toma de decisiones informada

Invertir de manera informada implica analizar datos, entender tendencias y evaluar el potencial de retorno. Elon Musk, además de ser conocido por sus éxitos en tecnología, también ha mostrado habilidades en inversiones estratégicas. Su enfoque en la innovación y su capacidad para anticipar cambios en los mercados son ejemplos de cómo la toma de decisiones informada puede generar beneficios significativos.

Cultivando una mentalidad de inversionista

- *Educación continua*: Al igual que los inversionistas exitosos, debes buscar constantemente aprender sobre los mercados financieros, estrategias de inversión y tendencias económicas.

- *Paciencia y disciplina*: La mentalidad de inversionista requiere paciencia para resistir la tentación de decisiones impulsivas y disciplina para mantener un enfoque a largo plazo.

- *Análisis y evaluación*: Desarrollar habilidades analíticas y aprender a evaluar activos financieros es esencial. Esto implica entender los riesgos y oportunidades asociados con cada inversión.

- *Adaptabilidad*: Al igual que los inversionistas exitosos, debes ser adaptable y capaz de ajustar tu estrategia según evolucionen las condiciones del mercado.

En resumen, construir una mentalidad de inversionista implica no solo comprender los aspectos técnicos de las finanzas, sino también desarrollar la psicología necesaria para enfrentar desafíos con calma, gestionar riesgos de manera efectiva y tomar decisiones informadas. Al adoptar estos principios y aprender de los éxitos y enfoques de inversionistas notables, estarás mejor preparado para navegar el complejo mundo financiero y buscar tu propio éxito inversionista.

El poder de la resiliencia financiera

En el complejo viaje financiero, la resiliencia emerge como un recurso invaluable que puede marcar la diferencia entre la adversidad y el éxito duradero. En esta sección, exploraremos la importancia vital de la resiliencia en el mundo financiero, analizaremos cómo enfrentar y superar los fracasos financieros, y revelaremos cómo esta capacidad puede transformarse en una aliada poderosa en la búsqueda del éxito financiero a largo plazo.

Importancia de la resiliencia en el mundo financiero

La resiliencia financiera es la capacidad de enfrentar desafíos económicos, adaptarse a cambios inesperados y recuperarse de contratiempos financieros. En un mundo donde la incertidumbre es inevitable, la resiliencia se convierte en un activo crucial. Proporciona la fortaleza necesaria para mantenerse firme ante crisis económicas, volatilidades del mercado y decisiones financieras desacertadas.

Cómo enfrentar y superar fracasos financieros

- *Aprender de los errores*: Los fracasos financieros no deben ser vistos como obstáculos insuperables, sino como oportunidades de aprendizaje. Personas como Walt Disney, quien enfrentó múltiples quiebras antes de lograr el éxito, demuestran que aprender de los errores y ajustar estrategias es esencial para superar dificultades financieras.

- *Análisis de la situación*: Ante un fracaso financiero, es crucial realizar un análisis objetivo de la situación. Evaluar las causas subyacentes, comprender los factores que contribuyeron al fracaso e identificar lecciones valiosas son pasos fundamentales hacia la recuperación.

- *Reajuste de estrategias*: La resiliencia implica ser capaz de adaptarse y ajustar las estrategias financieras según las circunstancias cambiantes. Personajes como Oprah Winfrey, quien superó dificultades financieras al diversificar sus inversiones y emprendimientos, ilustran la importancia de la adaptabilidad.

La resiliencia como aliada en la búsqueda del éxito financiero a largo plazo

- *Fomento de la persistencia*: La resiliencia nutre la persistencia, la capacidad de seguir adelante a pesar de los desafíos. Thomas Edison, a pesar de múltiples fracasos, perseveró en la invención de la bombilla eléctrica, destacando cómo la persistencia impulsada por la resiliencia puede conducir al éxito.

- *Desarrollo de la mentalidad positiva*: La resiliencia va de la mano con una mentalidad positiva. Personas como J.K. Rowling, que superaron desafíos financieros antes de escribir la serie de Harry Potter, demuestran cómo mantener una perspectiva optimista puede ser esencial para superar dificultades y alcanzar el éxito financiero.

- *Capacidad de recuperación rápida*: La resiliencia permite una recuperación más rápida después de enfrentar adversidades financieras. Personajes como Steve Jobs, quien fue despedido de su propia empresa antes de regresar y transformar Apple, ejemplifican cómo la resiliencia puede convertir contratiempos temporales en oportunidades para el crecimiento futuro.

Cómo cultivar la resiliencia

Desarrollo de la mentalidad de aprendizaje

Forjar una mentalidad que reconozca los desafíos como oportunidades de crecimiento se convierte en un pilar fundamental en nuestro camino hacia el éxito financiero. Comprender que cada contratiempo es, en realidad, una lección valiosa tiene el poder de transformar nuestra perspectiva hacia la resiliencia. Adoptar esta mentalidad de aprendizaje no solo nos permite superar obstáculos, sino que también nos impulsa a evolucionar constantemente, convirtiendo cada desafío en una ocasión para fortalecer nuestras habilidades y conocimientos.

Establecimiento de metas realistas

Incentivar la creación de metas realistas y alcanzables emerge como una estrategia esencial para reducir la probabilidad de enfrentar desilusiones abrumadoras en nuestro trayecto financiero. La resiliencia encuentra sus cimientos más sólidos cuando abordamos los desafíos de manera progresiva y sostenible. Al establecer metas realistas, construimos un camino gradual hacia el éxito financiero, evitando la presión innecesaria y permitiéndonos avanzar paso a paso con determinación y enfoque.

Cultivo de la adaptabilidad

Inculcar la importancia de adaptarse a las circunstancias cambiantes se presenta como una herramienta esencial en nuestra travesía financiera. En un entorno económico dinámico, la capacidad de adaptación se convierte en un recurso valioso. Cultivar la adaptabilidad no solo nos prepara para enfrentar cambios inesperados, sino que también abre la puerta a la creatividad y la innovación en la resolución de desafíos financieros. Al ser flexibles ante las fluctuaciones del panorama económico, no solo sobrevivimos, sino que prosperamos, encontrando oportunidades incluso en tiempos de incertidumbre.

En resumen, la resiliencia financiera no solo es esencial para superar los fracasos económicos, sino que también actúa como una aliada poderosa en la búsqueda del éxito financiero a largo plazo. Al aprender de ejemplos reales y cultivar la resiliencia como una habilidad fundamental, estarás mejor equipado para enfrentar las complejidades del mundo financiero y construir un camino sólido hacia el éxito económico.

Estrategias prácticas para la automodificación

A continuación, te presento estrategias prácticas que te guiarán en la transformación de tus patrones de pensamiento y comportamiento hacia el éxito financiero. Estas estrategias van más allá de la teoría, proporcionándote herramientas concretas para mejorar tu relación con el dinero.

- *Establece metas financieras claras*: Define metas financieras específicas y alcanzables. Desglosa estas metas en objetivos a corto y largo plazo. Al hacerlo, proporcionas una dirección clara que no solo te motiva, sino que también te ayuda a mantener un enfoque constante en la senda del éxito financiero.

- *Lleva un seguimiento de tus finanzas*: Lleva un registro detallado de tus ingresos, gastos y ahorros. Esta práctica te brinda un conocimiento profundo de tus hábitos financieros, permitiéndote identificar áreas de mejora y tomar decisiones más informadas en tu camino hacia la prosperidad económica.

- *Crea un presupuesto realista*: Desarrolla un presupuesto que se adapte a tus objetivos financieros. Asigna fondos de manera equitativa para gastos esenciales, ahorros e inversiones.

Apegarse a un presupuesto te proporciona una herramienta efectiva para controlar los gastos innecesarios y optimizar tu gestión financiera.

- *Aprende sobre inversiones*: Empodérate mediante la educación financiera. Comprender los distintos vehículos de inversión te permitirá tomar decisiones informadas, maximizando así tu crecimiento patrimonial y consolidando tu camino hacia el éxito financiero a largo plazo.

- *Elimina deudas de alta tasa de interés*: Prioriza el pago de deudas con tasas de interés elevadas. Al reducir las deudas, no solo aumentas tu capacidad financiera, sino que también alivias el estrés asociado con las obligaciones financieras, allanando el camino hacia una estabilidad económica sólida.

Mindfulness para la creación de hábitos financieros positivos

En la búsqueda del éxito financiero, la práctica del mindfulness emerge como una herramienta invaluable para seguir transformando tu relación con el dinero. El término mindfulness, o atención plena, implica estar consciente y presente en el momento actual, sin juzgar. Esta práctica fomenta la autoconciencia y reduce la reactividad automática, permitiéndote abordar tus decisiones financieras con mayor claridad y enfoque.

Técnicas valiosas

- *Atención plena en las decisiones financieras*: Antes de tomar decisiones financieras importantes, tómate un momento para respirar profundamente y sintonizar con tus valores y metas. Evita las decisiones impulsivas y adopta elecciones conscientes que estén alineadas con tu visión financiera.

- *Observación de patrones de gasto*: Practica la atención plena al revisar tus gastos. Cuestiona el motivo detrás de cada compra y evalúa si contribuye a tus metas financieras. Esta conciencia te permite identificar y modificar patrones de gasto innecesarios, fortaleciendo tu disciplina financiera.

- *Meditación financiera*: Dedica tiempo regularmente a la meditación centrada en la abundancia y la gratitud. Visualiza tus metas financieras alcanzadas y siente gratitud por los recursos que posees. Esta práctica refuerza una mentalidad positiva hacia el dinero, estableciendo las bases para una relación saludable con la prosperidad financiera.

- *Mindfulness en las negociaciones*: Cuando te enfrentes a negociaciones financieras, como salarios o acuerdos comerciales, practica la escucha activa y la empatía. Estar plenamente presente mejora tu capacidad para tomar decisiones financieras beneficiosas para ambas partes, cultivando relaciones financieras sólidas y duraderas.

Integrando estas estrategias y prácticas de mindfulness en tu vida cotidiana, te equiparás con herramientas poderosas para la automodificación, allanando el camino hacia una transformación profunda y sostenible en tu viaje hacia el éxito financiero.

Capítulo 3:

Ingresos Pasivos: La llave maestra de la riqueza

En el fascinante viaje hacia la riqueza infinita, nos adentramos en un territorio emocionante y revolucionario: los ingresos pasivos, una llave maestra capaz de abrir las puertas de la libertad financiera. Este capítulo no sólo desentrañará los misterios detrás de este concepto, sino que también iluminará el impacto transformador que estos ingresos tienen en la forma en que generamos y experimentamos la riqueza.

Los ingresos pasivos representan una innovadora filosofía financiera que va más allá de los límites tradicionales del trabajo asalariado y nos invita a explorar un enfoque más inteligente y estratégico para la creación de riqueza. ¿Cómo, te preguntarás, pueden estos ingresos cambiar radicalmente nuestro panorama financiero? La respuesta yace en su esencia misma: la capacidad de generar ganancias sin requerir un esfuerzo constante.

En lugar de cambiar tiempo por dinero, como suele ocurrir en empleos convencionales, los ingresos pasivos nos ofrecen la oportunidad de liberarnos del ciclo 9-5 y, en cambio, permiten que el dinero trabaje para nosotros. Esta noción, aparentemente simple, desencadena una cascada de posibilidades, desafiando las convenciones establecidas y liberando a los individuos de las limitaciones impuestas por el tiempo y la energía.

La importancia de los ingresos pasivos radica en su capacidad para actuar como una fuerza democratizadora en el mundo financiero, brindando a todos, independientemente de su situación inicial, la oportunidad de construir un patrimonio sostenible y duradero. Nos propone una visión de la riqueza que va más allá de la mera acumulación de ingresos activos, abriendo un camino hacia la independencia financiera y la realización de sueños.

A lo largo de este capítulo, exploraremos las diferentes fuentes de ingresos pasivos, desentrañando los secretos detrás de cada una y proporcionando estrategias prácticas para su implementación. Desde inversiones inteligentes hasta la creación de negocios en línea, nos sumergiremos en un océano de posibilidades financieras, guiándote hacia la construcción de un flujo constante de ganancias sin el esfuerzo constante asociado con los métodos tradicionales.

Al comprender y aplicar las estrategias que aquí desvelaremos, estarás dando pasos concretos hacia una forma de vida donde el dinero no es simplemente un medio para un fin, sino un socio activo en la creación de tu propio destino financiero. Prepárate para descubrir la magia de los ingresos pasivos y transforma tu visión del dinero y la riqueza.

Análisis del impacto de los Ingresos Pasivos en la libertad financiera

Adentrémonos en el corazón mismo de la revolución financiera: el impacto de los ingresos pasivos en la libertad financiera. En nuestra travesía hacia la riqueza infinita, es esencial comprender cómo este concepto puede alterar fundamentalmente la relación entre el tiempo, el esfuerzo y la prosperidad económica.

El análisis detenido de los ingresos pasivos revela una conexión directa con la libertad financiera. A diferencia de los ingresos activos, que están directamente vinculados al tiempo y al esfuerzo continuo, los ingresos pasivos nos ofrecen la libertad de desligarnos del constante intercambio entre horas de trabajo y salarios. Esta separación es el catalizador que libera nuestras vidas de las restricciones tradicionales y nos coloca en un camino hacia la autonomía financiera.

Imaginemos por un momento un escenario donde el flujo de ingresos no depende exclusivamente de nuestra presencia física en un lugar de trabajo específico. Los ingresos pasivos nos brindan la capacidad de generar ganancias mientras dormimos, disfrutamos de momentos de ocio o incluso mientras exploramos nuevas oportunidades. Este cambio de paradigma no sólo redefine nuestra relación con el tiempo, sino que también actúa como un agente de empoderamiento, permitiéndonos tomar el control de nuestro destino financiero.

La comparación con los ingresos activos se vuelve aún más reveladora cuando consideramos la sostenibilidad a largo plazo. Mientras que los ingresos activos pueden estar sujetos a fluctuaciones del mercado laboral, cambios en la economía o interrupciones profesionales, los ingresos pasivos ofrecen una alternativa más robusta y resistente. Al diversificar nuestras fuentes de ingresos a través de estrategias pasivas, creamos un escudo financiero que nos protege contra los vaivenes inevitables de la vida.

Este contraste nos lleva a reconocer que la verdadera riqueza no solo radica en la acumulación de ingresos, sino en la capacidad de generar ganancias de manera continua y sostenible sin estar atados a una rutina agotadora. Es en este contexto que las fuentes de ingresos pasivos emergen como las heroínas silenciosas de nuestra búsqueda de riqueza infinita.

Fuentes de Ingresos Pasivos: Más allá de la libertad de tiempo

Con la comprensión clara de cómo los ingresos pasivos impactan la libertad financiera, nos aventuramos en el fascinante mundo de las fuentes de ingresos pasivos. Estas fuentes no son simplemente mecanismos abstractos; son las herramientas con las que esculpimos nuestro destino financiero. Exploraremos las diversas vías que ofrecen, desde inversiones estratégicas hasta la creación de activos que generan ingresos de manera constante.

Exploración de diversas fuentes de Ingresos Pasivos

Las inversiones, esa mágica alquimia financiera que convierte cada unidad monetaria en una semilla plantada en el fértil suelo del mercado, son auténticos pilares fundamentales en el edificio majestuoso de los ingresos pasivos. Desde la venerada bolsa de valores hasta las innovadoras criptomonedas que delinean el futuro financiero, estas herramientas no son simplemente activos, sino socios estratégicos que nos ofrecen la oportunidad única de ver crecer nuestro patrimonio sin requerir un esfuerzo continuo.

Cuando nos sumergimos en el arte de las inversiones, descubrimos un universo donde cada elección y gestión cuidadosa de nuestros activos puede desencadenar un flujo constante de ganancias. La clave de este proceso radica en la magia del interés compuesto, un fenómeno que transforma modestas contribuciones en una fuente poderosa de crecimiento a largo plazo.

Imaginemos, por un momento, invertir con prudencia y ver cómo esos intereses ganados generan a su vez más intereses. Es como si cada ganancia se convirtiera en una pequeña semilla que, al ser reinvertida, da lugar a un árbol frondoso de riqueza financiera. Este fenómeno, aparentemente simple pero profundo, es la esencia misma del interés compuesto, una fuerza multiplicadora que construye una base sólida de riqueza a lo largo del tiempo.

El análisis de las inversiones como generadoras de ingresos pasivos implica entender cómo elegir activos que no solo ofrezcan rendimientos inmediatos, sino que también sean resistentes y consistentes en el tiempo. Las acciones bien seleccionadas, los fondos de inversión diversificados y, en la era digital, las criptomonedas, todos representan vehículos a través de los cuales podemos sembrar las semillas de nuestra riqueza futura.

La gestión cuidadosa es la brújula que guía este viaje. Monitorizar y ajustar nuestras inversiones según las condiciones del mercado y nuestros objetivos financieros es fundamental. Diversificar la cartera para mitigar riesgos y aprovechar oportunidades emergentes también se convierte en una estrategia crucial en la construcción de esta base sólida.

Inversiones: La danza sutil del mercado

En el mundo de las inversiones, la clave reside en entender la danza sutil del mercado. Las acciones, bonos, fondos de inversión y criptomonedas son protagonistas en este escenario financiero. Las acciones pueden proporcionar dividendos, los bonos generan pagos de intereses, los fondos de inversión diversifican riesgos y las criptomonedas, con su volatilidad única, ofrecen oportunidades de crecimiento exponencial. La gestión estratégica de una cartera equilibrada, considerando el horizonte temporal y tolerancia al riesgo, es la esencia de generar riqueza a largo plazo a través de las inversiones.

Bienes raíces: Edificando la riqueza ladrillo a ladrillo

Los bienes raíces, con su tacto tangible, operan en un mundo donde la ubicación, la demanda y el valor de los activos son cruciales. Desde la compra de propiedades para alquiler hasta la inversión en bienes raíces comerciales, cada transacción es una piedra más en la edificación de la riqueza. La propiedad de bienes raíces no solo genera ingresos a través del alquiler, sino que también ofrece el potencial de apreciación del valor de los activos a largo plazo. La clave aquí radica en la selección cuidadosa de propiedades, la gestión efectiva y la adaptabilidad a las dinámicas del mercado inmobiliario.

Regalías: transformando el arte en riqueza continua

Las regalías son la sinfonía silenciosa de la riqueza generada por el talento y la creatividad. Desde regalías musicales hasta ingresos derivados de la propiedad intelectual, cada vez que se utiliza o distribuye un activo intangible, se generan ingresos. La clave es poseer y gestionar esos derechos de manera estratégica, asegurando que cada reproducción, licencia o uso se traduzca en una corriente constante de ingresos a largo plazo.

Negocios en línea: La revolución digital de los ingresos pasivos

Los negocios en línea representan la vanguardia de la revolución digital. El marketing de afiliados, la creación de cursos en línea y la venta de productos digitales son solo algunas de las oportunidades que ofrece este mundo interconectado. El potencial radica en la escalabilidad, ya que estos negocios pueden alcanzar audiencias globales las 24 horas del día. La construcción de un flujo constante de ganancias aquí implica no solo la creación de productos de calidad, sino también la comprensión de las tendencias digitales, la optimización de plataformas y la construcción de una marca sólida.

Construcción de un flujo constante de ganancias: Estrategias prácticas

La construcción de un flujo constante de ganancias implica no solo seleccionar las fuentes adecuadas, sino también implementar estrategias prácticas. La diversificación de activos, la reinversión de ganancias, la gestión proactiva y la adaptabilidad a las condiciones cambiantes son elementos esenciales en este proceso. Además, la educación continua y el monitoreo constante del rendimiento garantizan que el flujo de ingresos no solo sea constante, sino que también se adapte y crezca con el tiempo.

Cada fuente de ingresos pasivos es una herramienta única en la construcción de riqueza a largo plazo. Comprender su funcionamiento interno y aplicar estrategias específicas nos coloca en la senda de la prosperidad continua, donde cada elección y acción contribuyen a la construcción de un flujo constante de ganancias que perdura a lo largo del tiempo.

Estrategias prácticas para establecer y mantener un flujo constante de ingresos pasivos

La construcción de un flujo constante de ingresos pasivos requiere no solo comprender las fuentes disponibles, sino también implementar estrategias prácticas que aseguren la sostenibilidad y el crecimiento a lo largo del tiempo. Aquí, exploraremos algunas estrategias clave para establecer y mantener este flujo constante de riqueza sin el esfuerzo constante asociado con las ocupaciones tradicionales.

1. Diversificación de Fuentes de Ingresos: Minimizando riesgos, maximizando ganancias

La diversificación se alza como la armadura protectora en el mundo de los ingresos pasivos. La regla fundamental aquí es no poner todos los huevos en una sola canasta. Al diversificar las fuentes de ingresos, ya sea a través de diferentes tipos de inversiones, propiedades, regalías o negocios en línea, se minimizan los riesgos asociados con la volatilidad inherente a cualquier mercado.

Imaginemos tener un portafolio que incluya inversiones en acciones, propiedades inmobiliarias para alquiler, ingresos de regalías por un libro o música, y un negocio en línea. Cuando una fuente de ingresos se enfrenta a desafíos, otras pueden compensar esas pérdidas, manteniendo el flujo constante. Esta diversificación no solo protege contra las fluctuaciones del mercado, sino que también presenta oportunidades para maximizar ganancias en diferentes condiciones económicas.

2. *Automatización y Escalabilidad: eficiencia en la generación de ingresos*

La automatización y la escalabilidad son aliadas poderosas en la construcción de ingresos pasivos. En el mundo digital, la automatización de procesos, como la venta de productos en línea o el marketing de afiliados, permite generar ingresos de manera continua sin una intervención constante. La escalabilidad implica diseñar sistemas que puedan crecer y adaptarse fácilmente al aumento de la demanda o nuevas oportunidades.

Por ejemplo, un negocio en línea puede generar ingresos de forma automática a medida que crece su audiencia, y una cartera de inversiones bien gestionada puede ajustarse automáticamente a cambios en el mercado. La combinación de automatización y escalabilidad no solo ahorra tiempo, sino que también asegura un flujo constante de ingresos sin depender en exceso de la intervención manual.

3. Rompiendo con el Ciclo 9-5: Liberando tiempo y energía

Romper con el tradicional ciclo 9-5 se convierte en una realidad palpable cuando se implementan estrategias efectivas de ingresos pasivos. La clave aquí no es simplemente reemplazar un trabajo asalariado con otra fuente de ingresos, sino liberar tiempo y energía para enfocarse en pasiones, hobbies o incluso explorar nuevas oportunidades.

Al construir un flujo constante de ingresos pasivos, se desata una libertad que va más allá de las restricciones del tiempo. Se trata de cambiar la narrativa de trabajar para vivir a permitir que el dinero trabaje por nosotros, brindándonos la capacidad de tomar decisiones basadas en la búsqueda de significado y realización personal, en lugar de meramente subsistir.

Establecer y mantener un flujo constante de ingresos pasivos implica estrategias pragmáticas, desde la diversificación inteligente hasta la automatización eficiente. Al romper con el ciclo 9-5, no solo liberamos tiempo, sino que también creamos una base sólida para la construcción de una vida financiera y personal enriquecedora y significativa.

Cómo los ingresos pasivos ofrecen la posibilidad de liberarse del tradicional ciclo de trabajo 9-5

Los ingresos pasivos ofrecen una vía alternativa para liberarse del tradicional ciclo de trabajo de 9 a 5, brindando la posibilidad de generar ingresos de manera constante con un esfuerzo inicial significativo. Algunos argumentos clave que respaldan esta afirmación incluyen:

- *Independencia financiera*: Los ingresos pasivos permiten a las personas alcanzar un nivel de independencia financiera al no depender exclusivamente de un salario mensual. Al generar flujos de ingresos adicionales, se crea una red de seguridad financiera que puede liberar a las personas de la presión económica asociada con el empleo tradicional.

- *Flexibilidad de tiempo*: A diferencia de un trabajo convencional que requiere presencia física durante horas específicas, los ingresos pasivos suelen ser menos demandantes en términos de tiempo. Esto proporciona a las personas la flexibilidad para gestionar su tiempo de manera más eficiente, lo que puede traducirse en una mayor calidad de vida.

- *Escalabilidad*: Mientras que los empleos convencionales a menudo tienen un límite en cuanto a cuánto puede ganar una persona, los ingresos pasivos ofrecen la posibilidad de escalabilidad. Pueden crecer con el tiempo y el esfuerzo invertido, permitiendo un potencial ilimitado de ganancias.

- *Diversificación financiera*: Al depender de múltiples fuentes de ingresos pasivos, se crea un portafolio financiero más diversificado. Esto ayuda a reducir el riesgo financiero y proporciona una mayor estabilidad económica a lo largo del tiempo.

Historias de éxito abundan en el ámbito de los ingresos pasivos, donde individuos han logrado liberarse de empleos convencionales. Ejemplos notables incluyen emprendedores digitales que han construido negocios en línea exitosos, escritores que generan ingresos a través de regalías de libros electrónicos, inversionistas que reciben ingresos de alquileres y dividendos, y creadores de contenido en plataformas como YouTube o blogs.

Uno de los ejemplos más inspiradores es el de Tim Ferriss, autor de "La semana laboral de 4 horas". Ferriss logró reducir drásticamente su carga laboral al automatizar y externalizar varias tareas, permitiéndole enfocarse en proyectos más significativos y rentables. Su historia destaca cómo la implementación efectiva de estrategias de ingresos pasivos puede transformar radicalmente la vida laboral de una persona.

El desarrollo de habilidades específicas es crucial para implementar con éxito los ingresos pasivos. Estas habilidades pueden incluir marketing digital, gestión del tiempo, habilidades financieras, emprendimiento y capacidad para crear y compartir contenido de calidad. La formación continua y la adaptabilidad son clave, ya que el mundo de los ingresos pasivos está en constante evolución.

Recomendaciones sobre habilidades clave que pueden potenciar la capacidad de generar ingresos pasivos

- *Educación Financiera:* Una sólida comprensión de los principios financieros es esencial. Esto incluye conocimientos sobre inversiones, manejo de deudas, presupuestación y planificación a largo plazo. La educación financiera proporciona la base para tomar decisiones informadas, maximizar los rendimientos y minimizar los riesgos en el mundo de los ingresos pasivos.

- *Marketing digital:* Para aquellos que buscan ingresos pasivos en línea, las habilidades en marketing digital son fundamentales. Conocer las estrategias de SEO, publicidad en redes sociales, marketing de contenidos y construcción de audiencia puede aumentar significativamente la visibilidad y rentabilidad de proyectos en línea.

- *Habilidades empresariales:* La capacidad para identificar oportunidades de negocio, desarrollar modelos de ingresos efectivos y gestionar eficientemente los recursos son cruciales. Las habilidades empresariales permiten la creación y gestión exitosa de activos que generan ingresos de forma pasiva.

- *Desarrollo de contenido:* Para aquellos que buscan ingresos pasivos a través de la creación de contenido, ya sea escribiendo libros, creando cursos en línea o produciendo contenido multimedia, las habilidades de desarrollo de contenido son esenciales. Esto implica la capacidad de comunicar ideas de manera efectiva y atractiva.

- *Automatización y tecnología:* Aprender a automatizar procesos y aprovechar las herramientas tecnológicas disponibles es clave para liberar tiempo y mejorar la eficiencia en la gestión de ingresos pasivos. Herramientas de automatización, sistemas de gestión financiera y plataformas en línea pueden ser aliados valiosos.

Enfoque en la educación financiera y toma de decisiones estratégicas

- *Planificación a largo plazo*: La educación financiera allana el camino hacia una planificación a largo plazo. Entender cómo crear un portafolio diversificado, invertir de manera inteligente y ahorrar para metas específicas son elementos fundamentales para el éxito en la generación de ingresos pasivos.

- *Análisis de riesgos*: La toma de decisiones estratégicas implica una evaluación meticulosa de los riesgos y recompensas. La habilidad para analizar y gestionar riesgos financieros es esencial para resguardar los activos que generan ingresos pasivos y mitigar posibles pérdidas.

- *Adaptabilidad y aprendizaje continuo*: El ámbito de los ingresos pasivos está en constante transformación. La capacidad para adaptarse a cambios en el mercado, nuevas tecnologías y tendencias emergentes es esencial. El aprendizaje continuo asegura mantenerse siempre un paso adelante.

Riesgos y consideraciones

- *Volatilidad del mercado*: Según las fuentes de ingresos pasivos seleccionadas, es posible enfrentar volatilidad en el mercado. Las inversiones pueden experimentar fluctuaciones, siendo crucial estar preparado para posibles caídas en los rendimientos y mantener la calma.

- *Tiempo y esfuerzo inicial*: Numerosas fuentes de ingresos pasivos requieren un esfuerzo y tiempo considerables al principio. La creación de un negocio en línea, la producción de contenido o la inversión inicial pueden demandar trabajo intensivo antes de que los ingresos se vuelvan verdaderamente pasivos.

- **Implicaciones fiscales**: Diversas formas de ingresos pasivos pueden tener implicaciones fiscales variadas. Comprender las obligaciones tributarias y buscar asesoramiento profesional son pasos importantes para optimizar la situación fiscal.

- *Gestión de activos*: La gestión efectiva de los activos que generan ingresos pasivos requiere atención continua. Desde el mantenimiento de propiedades hasta la actualización de contenido en línea, la negligencia puede afectar negativamente los flujos de ingresos.

- *Aprender de la experiencia de otros*: Al analizar casos de estudio de personas que han enfrentado desafíos y han logrado superarlos en el mundo de los ingresos pasivos, se pueden extraer lecciones valiosas. Estos casos pueden incluir situaciones donde la diversificación fue clave para la estabilidad financiera o cuando la investigación detallada condujo a inversiones exitosas. Estudiar estos ejemplos proporciona una perspectiva práctica y realista sobre cómo abordar los riesgos y tomar decisiones informadas en la búsqueda de ingresos pasivos.

Ejemplos de personas que han logrado la independencia financiera a través de estrategias de ingresos pasivos

El Emprendedor Digital Exitoso - Patrice

Patrice, un emprendedor digital, construyó su independencia financiera mediante la creación de múltiples fuentes de ingresos en línea. Comenzó con un blog que, con el tiempo, se convirtió en una plataforma influyente. Diversificó sus ingresos mediante la venta de productos digitales, afiliaciones y creación de cursos en línea. La lección clave de Patrice es la importancia de la diversificación y la adaptabilidad en un entorno digital en constante cambio.

Inversionista Inmobiliario - Carlos

Carlos alcanzó la independencia financiera a través de estrategias de inversión inmobiliaria. Comenzó adquiriendo propiedades para alquilar y, con el tiempo, formó un portafolio diversificado. La lección de Carlos reside en la paciencia y en la comprensión de los ciclos del mercado inmobiliario. Además, destaca la importancia de la gestión eficiente de propiedades y la continua educación sobre el mercado.

Creador de Contenido en YouTube - María

María encontró la independencia financiera como creadora de contenido en YouTube. Su canal se centró en un nicho específico y atrajo a una audiencia fiel. María monetizó su contenido a través de publicidad y patrocinios. Su historia destaca la importancia de encontrar un nicho apasionante, construir una audiencia comprometida y diversificar los ingresos a través de colaboraciones y productos propios.

Reflexión sobre la implementación de estrategias de ingresos pasivos en la búsqueda de la Riqueza Infinita

La búsqueda de la riqueza infinita es más que una aspiración financiera; es un viaje hacia la libertad, la realización personal y la capacidad de disfrutar plenamente de la vida. En este viaje, las estrategias de ingresos pasivos se destacan como herramientas poderosas que pueden allanar el camino hacia la consecución de esta visión.

¿Qué significa la Riqueza Infinita para ti?

Antes de embarcarte en la implementación de estrategias de ingresos pasivos, tómate un momento para reflexionar sobre lo que la "riqueza infinita" realmente significa para ti. ¿Es simplemente acumular abundancia financiera, o implica una vida llena de experiencias significativas, tiempo para tus seres queridos y la capacidad de contribuir al bienestar de otros? Entender tus metas personales te ayudará a orientar tus estrategias hacia un propósito más profundo.

El poder transformador de los ingresos pasivos

Reconoce el poder transformador de los ingresos pasivos en tu vida. Estas estrategias no solo ofrecen la oportunidad de liberarse de las restricciones del trabajo convencional, sino que también brindan la posibilidad de crear un legado financiero duradero. Contempla cómo la implementación efectiva de ingresos pasivos puede proporcionar una fuente constante de ingresos, permitiendo una mayor flexibilidad y libertad para perseguir tus pasiones y objetivos.

La importancia de la planificación y educación

La riqueza infinita no surge de la noche a la mañana; requiere una planificación cuidadosa y educación continua. Investiga, aprende de experiencias pasadas y busca mentoría si es necesario. La toma de decisiones informadas basadas en un entendimiento sólido de tus finanzas y metas a largo plazo será fundamental para el éxito.

Explorando diversas oportunidades

Mantente abierto a diversas oportunidades de ingresos pasivos. La riqueza infinita puede derivarse de fuentes inesperadas. Ya sea a través de inversiones, emprendimientos en línea, bienes raíces o creación de contenido, la diversificación puede ser la clave para construir un flujo de ingresos robusto y sostenible.

Equilibrio entre la riqueza financiera y la realización personal

La riqueza infinita no solo se mide en términos financieros, sino también en el equilibrio entre la riqueza material y la realización personal. Considera cómo las estrategias de ingresos pasivos pueden proporcionar no solo estabilidad financiera, sino también el tiempo y la libertad para disfrutar de las cosas que realmente importan en la vida.

Celebrando los pequeños logros

En tu viaje hacia la riqueza infinita, celebra los pequeños logros. Cada paso que tomes hacia la implementación efectiva de estrategias de ingresos pasivos es un avance hacia tu visión de la abundancia. Reconoce y valora cada progreso, recordándote a ti mismo que cada esfuerzo cuenta en la construcción de tu futuro financiero.

En última instancia, la riqueza infinita es una búsqueda personal que va más allá de los números en una cuenta bancaria. Se trata de diseñar una vida que refleje tus valores, metas y deseos más profundos. Al implementar estrategias de ingresos pasivos de manera consciente y reflexiva, te acercas a la realización de esta visión, construyendo no solo riqueza financiera, sino también un sentido duradero de plenitud y propósito.

Capítulo 4:

Inversiones Inteligentes para el Crecimiento Exponencial

Ahora, te enseñaré a invertir como expertos y a hacer que tu dinero trabaje para ti. Aquí, explorarás estrategias astutas y tomarás decisiones financieras perspicaces que no solo resguardarán tu patrimonio, sino que también actuarán como catalizadores para un crecimiento exponencial. Desentrañaremos juntos el tejido de inversiones inteligentes, delineando caminos que conducen no sólo a la preservación de tu capital, sino a su expansión vigorosa. Prepárate para absorber conocimientos que transformarán tu enfoque hacia las inversiones y te guiarán hacia la senda del crecimiento financiero sostenido.

Fundamentos de las Inversiones Inteligentes

En el apasionante mundo de las inversiones, comprender los conceptos fundamentales es el primer paso hacia el éxito financiero. Esta sección está diseñada para proporcionar los cimientos sólidos que todo inversionista inteligente debe dominar. Aquí, desglosaremos los elementos esenciales que forman la base de las decisiones financieras informadas.

Conceptos fundamentales para todo inversionista:

- *Riesgos y rendimientos*: Comprender la relación entre riesgos y rendimientos es esencial. Evalúa y cuantifica los riesgos asociados con cada inversión y cómo estos se relacionan con las posibles recompensas. Esta comprensión crítica te permitirá tomar decisiones informadas sobre cómo alinear tus inversiones con tus metas financieras.

- *Diversificación*: Como mencionamos anteriormente, la diversificación es una estrategia clave para mitigar riesgos. Distribuir tus inversiones en diferentes clases de activos y sectores puede reducir la volatilidad y protegerte contra pérdidas significativas. Aprender a construir una cartera equilibrada con la finalidad de maximizar las oportunidades de crecimiento mientras se minimiza la exposición a riesgos específicos.

- *Gestión de cartera:* La gestión de cartera es el arte de equilibrar riesgos y rendimientos para lograr los objetivos financieros establecidos. Al profundizar en este proceso, no solo te convertirás en un inversionista más astuto, sino que también desarrollarás la destreza necesaria para adaptarte a un entorno financiero en constante cambio. La primera etapa de la gestión de cartera implica una evaluación honesta de tu tolerancia al riesgo. Comprender tu perfil de riesgo te ayudará a establecer límites claros y a construir una cartera que refleje tus metas financieras y tu disposición a asumir riesgos.

Bases esenciales para decisiones financieras informadas

Para analizar cómo identificar sectores prometedores, entender las tendencias del mercado y seleccionar inversiones alineadas con metas financieras a largo plazo, es esencial seguir un enfoque estratégico. Primero, define claramente tus metas financieras a largo plazo, estableciendo plazos y cuantificando objetivos. Evalúa tu tolerancia al riesgo para determinar cuánta volatilidad estás dispuesto a soportar.

Luego, realiza una investigación exhaustiva sobre diversos sectores de la economía para identificar aquellos con potencial de crecimiento. Utiliza fuentes de noticias financieras, análisis de expertos y estudios económicos para comprender las tendencias del mercado. Presta atención a factores macroeconómicos, cambios regulatorios y eventos geopolíticos que puedan influir en las tendencias.

La diversificación es clave para reducir el riesgo; distribuye tus inversiones en diferentes clases de activos, como acciones, bonos y bienes raíces. No estaría de más consultar a expertos financieros para obtener asesoramiento personalizado basado en tu situación financiera y objetivos. Utiliza herramientas de análisis financiero para evaluar el rendimiento histórico de activos, identificar patrones y realizar proyecciones.

Es fundamental revisar periódicamente tu cartera de inversiones y ajustarla según las condiciones cambiantes del mercado. Recuerda que invertir conlleva riesgos, y es importante educarse continuamente sobre los mercados financieros. Siempre se recomienda consultar con un asesor financiero antes de tomar decisiones importantes sobre inversiones, ya que los resultados pasados no garantizan rendimientos futuros.

Herramientas y técnicas de inversión de expertos

A continuación, te daré las herramientas y técnicas fundamentales que distinguen a los inversionistas expertos, permitiéndoles maximizar sus rendimientos y tomar decisiones financieras más informadas. Desde el análisis técnico hasta el fundamental, así como el aprovechamiento de plataformas avanzadas de inversión, aprenderás las estrategias que han llevado a muchos a lograr un crecimiento exponencial de su patrimonio.

Análisis técnico y fundamental: Dos pilares inquebrantables

Análisis técnico

Gráficos y patrones: Los inversionistas expertos emplean análisis técnico para estudiar gráficos de precios y patrones del mercado. Identificar tendencias, niveles de soporte y resistencia, así como indicadores como medias móviles, ofrece una visión clara de los movimientos del mercado.

Indicadores técnicos: Utilizar indicadores como el RSI (Relative Strength Index) o el MACD (Moving Average Convergence Divergence) ayuda a evaluar la fuerza y la dirección de una tendencia, proporcionando señales de compra o venta.

Análisis Fundamental

Evaluación de activos: Los expertos realizan un análisis en profundidad de las empresas, examinando sus fundamentos financieros, salud económica y posición en el mercado. Estudiar ingresos, ganancias, deudas y perspectivas futuras es esencial para tomar decisiones informadas.

Plataformas avanzadas de inversión

Plataformas de Trading Online

Acceso a mercados globales: Las plataformas avanzadas ofrecen acceso instantáneo a mercados globales. Los inversionistas pueden operar acciones, bonos, divisas y otros instrumentos desde la comodidad de su hogar, facilitando la diversificación de la cartera.

Herramientas de análisis integradas: Estas plataformas proporcionan herramientas de análisis en tiempo real, gráficos avanzados y ejecución rápida de órdenes, permitiendo una toma de decisiones ágil y precisa.

Estrategias de inversión innovadoras

Inversiones alternativas

Criptomonedas y Tecnología Blockchain: Los expertos exploran inversiones poco convencionales, como criptomonedas y tecnología blockchain, en busca de oportunidades de crecimiento exponencial. Sin embargo, se destaca la importancia de comprender estos activos antes de invertir.

Investigación exhaustiva y anticipación de tendencias

Datos y tendencias de mercado: La investigación exhaustiva es un pilar fundamental. Los inversores expertos se sumergen en datos financieros, informes de la industria y eventos económicos para anticipar tendencias y oportunidades antes de que se manifiesten en los precios.

En resumen, las herramientas y técnicas de inversión de expertos abarcan desde el análisis técnico y fundamental hasta el aprovechamiento de plataformas avanzadas y la exploración de inversiones poco convencionales. La clave radica en la combinación de estos elementos, respaldada por una investigación minuciosa, para tomar decisiones financieras que impulsen el crecimiento exponencial de la riqueza a lo largo del tiempo.

Oportunidades de inversión poco convencionales

Esta sección se adentrará en el emocionante mundo de las oportunidades de inversión poco convencionales. Desde inversiones en startups y proyectos de crowdfunding hasta bienes raíces alternativos, exploraremos estrategias que van más allá de las opciones tradicionales. Descubre cómo puedes diversificar tu cartera de manera innovadora y abrirte a oportunidades que podrían impulsar tu crecimiento financiero de manera exponencial.

Inversiones en Startups y proyectos de Crowdfunding

En el dinámico panorama financiero actual, las inversiones han evolucionado más allá de las opciones convencionales, abriendo las puertas a oportunidades emocionantes y, a menudo, transformadoras. Dos conceptos que han ganado protagonismo en este nuevo paradigma son las inversiones en startups y los proyectos de crowdfunding.

Inversiones en Startups: Emprendimiento y crecimiento exponencial

Las startups, con su esencia emprendedora y enfoque innovador, representan un terreno fértil para inversores visionarios. Estas empresas emergentes, a menudo en las primeras etapas de su desarrollo, buscan capital para financiar sus operaciones y alcanzar su máximo potencial. La inversión en startups ofrece a los inversores la posibilidad no solo de respaldar ideas disruptivas, sino también de participar en el crecimiento exponencial de compañías que pueden transformar industrias enteras.

Startups Disruptivas

Participación en el éxito temprano: Invertir en startups emergentes ofrece la posibilidad de participar en el éxito temprano de empresas innovadoras. Aunque conlleva riesgos, el potencial de rendimientos significativos a medida que la empresa crece puede ser considerable.

Crowdfunding: La fuerza de la colaboración financiera

Por otro lado, el crowdfunding, un fenómeno que ha revolucionado la forma en que se accede al financiamiento, permite la participación de múltiples inversores en proyectos a través de plataformas en línea. Este método de financiamiento colectivo abarca diversas formas, desde proyectos empresariales y sociales hasta iniciativas artísticas. En el contexto de las inversiones, el crowdfunding empresarial ofrece a inversores individuales la oportunidad de respaldar directamente proyectos prometedores, democratizando el acceso a oportunidades de inversión que anteriormente podrían haber estado reservadas para unos pocos.

Crowdfunding empresarial

Acceso a proyectos innovadores: Plataformas de crowdfunding empresarial permiten a los inversores respaldar proyectos innovadores en diversas industrias. Esta forma de inversión no solo diversifica tu cartera, sino que también te conecta directamente con iniciativas creativas y de vanguardia.

Crowdfunding Inmobiliario

Propiedad fraccionada: El crowdfunding inmobiliario permite la participación en proyectos inmobiliarios sin la necesidad de grandes capitales. Puedes diversificar tu cartera con inversiones en propiedades residenciales, comerciales o incluso en bienes raíces especializados.

Propiedades sostenibles y ecológicas

Enfoque en la sostenibilidad: Invierte en propiedades que abracen la sostenibilidad y la ecología. La creciente conciencia ambiental puede traducirse en oportunidades de inversión a largo plazo, alineadas con la demanda del mercado y valores medioambientales.

Arte y coleccionables

Inversiones en Arte

Valor estético y financiero: Considera el arte como una forma de inversión. Obras de arte selectas pueden no solo proporcionar valor estético, sino también apreciación financiera a lo largo del tiempo.

Coleccionables de lujo

Mercado de artículos exclusivos: Desde autos clásicos hasta relojes de lujo, los coleccionables exclusivos pueden representar oportunidades únicas de inversión. La demanda de artículos de alta gama puede generar rendimientos considerables.

En conclusión, estas oportunidades de inversión poco convencionales ofrecen una perspectiva única para diversificar tu cartera y buscar rendimientos exponenciales. Sin embargo, es esencial destacar que cada estrategia conlleva sus propios riesgos y requerirá un análisis cuidadoso antes de invertir. La clave radica en comprender a fondo cada oportunidad, alineándola con tus objetivos financieros y tolerancia al riesgo.

Recuerda que la innovación y la apertura a nuevas ideas pueden ser poderosas aliadas en el mundo de las inversiones. Explora, aprende y toma decisiones informadas para construir una cartera robusta que te lleve más allá de las opciones tradicionales hacia un crecimiento financiero verdaderamente exponencial.

Casos de éxito y lecciones aprendidas

En esta sección, nos sumergiremos en relatos inspiradores de inversionistas destacados cuyas trayectorias financieras han dejado una huella significativa. A través de casos de éxito reales, exploraremos las lecciones valiosas que han extraído de sus experiencias y cómo estas estrategias de inversión inteligentes han contribuido a su crecimiento financiero exponencial. Prepárate para obtener insights únicos que podrás aplicar a tu propia travesía financiera, aprovechando la sabiduría acumulada de aquellos que han navegado con éxito por los mares del mundo de las inversiones.

Warren Buffett: El Oráculo de Omaha

Warren Buffett, conocido como el "Oráculo de Omaha", es ampliamente considerado como uno de los inversionistas más exitosos de todos los tiempos. Su filosofía de inversión, fundamentada en la paciencia, la simplicidad y la sabiduría a largo plazo, ha dejado una huella imborrable en el mundo de las finanzas.

Nacido en agosto de 1930 en Omaha, Nebraska, Buffett mostró desde joven un interés innato por las finanzas y los negocios. A los once años, ya estaba invirtiendo en acciones y gestionando pequeños negocios. Su relación con el mundo de las inversiones comenzó formalmente cuando compró sus primeras acciones a la edad de 11 años.

En 1962, Buffett adquirió Berkshire Hathaway, una empresa textil en problemas, y la transformó en una de las compañías de inversión más exitosas del mundo. Su enfoque único y su filosofía de inversión atrajeron la atención global.

La historia de Warren Buffett está impregnada de lecciones valiosas para inversores de todas las edades y niveles de experiencia:

Invertir en empresas con ventajas competitivas duraderas: La filosofía central de Buffett se centra en invertir en empresas con ventajas competitivas duraderas. Busca compañías con sólidos fundamentos, modelos de negocio resistentes y una gestión competente. Su enfoque se aleja de las modas temporales y se centra en la calidad empresarial a largo plazo.

Mantener una perspectiva a largo plazo: Buffett es un defensor ferviente de la inversión a largo plazo. A lo largo de su carrera, ha demostrado que la paciencia es una virtud. Su estrategia se basa en la creencia de que, si ha invertido en una empresa sólida, el tiempo está a su favor, permitiendo que las inversiones prosperen con el tiempo.

Buscar empresas con un margen de seguridad: Buffett popularizó el concepto de "margen de seguridad", que implica comprar acciones de una empresa por debajo de su valor intrínseco. Esta estrategia reduce el riesgo y proporciona un colchón de seguridad en caso de fluctuaciones del mercado.

Entender lo que posees: Buffett aboga por invertir en empresas cuyos negocios comprendes completamente. Evitar inversiones en industrias o instrumentos financieros complejos es parte de su estrategia para minimizar el riesgo y aumentar la confianza en las decisiones de inversión.

Peter Lynch: La mente maestra detrás del Fidelity Magellan Fund

Peter Lynch, una figura icónica en el mundo de las inversiones, se destacó como el gestor del Fidelity Magellan Fund durante la década de 1970 y 1980. Su enfoque revolucionario y sus éxitos notables dejaron una huella duradera en la historia financiera. La historia de Lynch es una narrativa fascinante que destaca la importancia de invertir en lo que se conoce y se comprende.

Nacido en enero de 1944, Lynch demostró desde joven una afinidad por los números y una curiosidad innata por el mundo financiero. Su carrera en Fidelity Investments comenzó en 1969 cuando se unió como analista de investigación. Su agudo sentido para seleccionar acciones prometedoras lo llevó rápidamente a ascender en las filas.

En 1977, Lynch asumió el cargo de gestor del Fidelity Magellan Fund, un fondo mutuo que en ese momento estaba luchando por encontrar su rumbo. Lo que sucedió a continuación transformó no sólo la fortuna del fondo, sino también la forma en que se percibía la gestión de fondos de inversión.

La lección principal que Lynch compartió con el mundo de las inversiones fue simple pero poderosa: invierte en lo que conoces y comprendes. En lugar de confiar en informes complejos o en tendencias de mercado abstractas, Lynch abogó por la importancia de entender la esencia de las empresas en las que se invierte. Esto implicaba conocer el modelo de negocio, la competencia, y la capacidad de la empresa para adaptarse a las cambiantes condiciones del mercado.

Una de las estrategias distintivas de Lynch fue basar sus inversiones en sus experiencias cotidianas. Si disfrutaba de un producto o servicio y veía que tenía potencial, consideraba invertir en la empresa detrás de él. Este enfoque pragmático y basado en la experiencia personal lo llevó a éxitos notables.

A diferencia de muchos inversores que buscan rendimientos rápidos, Lynch defendía la idea de mantener inversiones a largo plazo. Su filosofía sostenía que los inversores deberían estar dispuestos a pasar por las fluctuaciones del mercado y permitir que las inversiones prosperaran con el tiempo.

Lynch advertía contra la hiperactividad y el cambio constante en la cartera. Creía que la paciencia y la consistencia eran claves para el éxito a largo plazo. La búsqueda constante de la próxima gran inversión podría llevar a decisiones impulsivas y pérdida de valor potencial.

Ray Dalio: Fundador de Bridgewater Associates

Ray Dalio, un exitoso inversionista y fundador de Bridgewater Associates, ha dejado una marca indeleble en el mundo de las finanzas por su enfoque único y sus valiosas lecciones sobre la gestión de riesgos y la diversificación.

Ray Dalio nació en agosto de 1949 y desde joven mostró un interés profundo en los mercados financieros. Comenzó su carrera en finanzas trabajando como corredor de valores antes de fundar Bridgewater Associates en 1975 en su apartamento. Lo que comenzó como una empresa pequeña se convirtió en la firma de gestión de activos más grande del mundo.

La historia de Ray Dalio está impregnada de principios fundamentales que han sido clave en su éxito y que proporcionan valiosas lecciones para otros inversionistas. Dalio es conocido por su "Principio de Inversión en Todo Clima", que aboga por una cartera diversificada y equilibrada. La diversificación no solo se refiere a la distribución entre diferentes clases de activos, sino también a la inclusión de estrategias que puedan prosperar en diversas condiciones económicas.

Uno de los pilares de la filosofía de Dalio es la gestión activa de riesgos. En lugar de evitar los riesgos, aboga por entenderlos y gestionarlos de manera efectiva. Esto implica la identificación y mitigación proactiva de riesgos, lo que contribuye a una cartera más resiliente.

Dalio también destaca la importancia del aprendizaje continuo y la mejora constante. Su filosofía se basa en la idea de que cada error es una oportunidad de aprendizaje. Este enfoque ha contribuido a la capacidad de Bridgewater para adaptarse a los cambios en los mercados y mantener un rendimiento sólido a lo largo del tiempo.

Otra enseñanza valiosa de Dalio es su "Principio de Realidad", que insta a los inversores a enfrentar la realidad en lugar de ignorarla. Reconocer y abordar los problemas de frente es esencial para tomar decisiones informadas y mejorar continuamente la estrategia de inversión.

Abigail Johnson: CEO de Fidelity Investments

La historia de Abigail Johnson, CEO de Fidelity Investments, es un testimonio de liderazgo visionario y adaptabilidad en el cambiante mundo de las inversiones. Su papel como líder de una de las firmas de servicios financieros más grandes del mundo ha dejado una marca significativa, y su enfoque en la adaptabilidad y la perseverancia ofrece valiosas lecciones para los inversores y líderes empresariales por igual.

Abigail Pierrepont Johnson nació en diciembre de 1961, en una familia con profundas raíces en el mundo de las finanzas. Su abuelo, Edward C. Johnson II, fundó Fidelity Investments en 1946, y su padre, Edward C. "Ned" Johnson III, llevó la firma a nuevas alturas. Abigail Johnson se unió a Fidelity en 1988, después de obtener un MBA de Harvard.

La historia de Abigail Johnson destaca principios clave que han sido fundamentales en su carrera y que ofrecen lecciones valiosas. Como CEO de Fidelity Investments,

Abigail Johnson ha liderado la empresa a través de cambios significativos en la industria financiera. Su capacidad para adaptarse a las tendencias tecnológicas y las transformaciones del mercado ha sido esencial para mantener la relevancia y el éxito de la firma.

Johnson ha demostrado un enfoque claro en la innovación tecnológica. Bajo su liderazgo, Fidelity ha invertido en tecnologías emergentes y ha desarrollado plataformas digitales para satisfacer las cambiantes necesidades y expectativas de los clientes.

A pesar de la expansión y el crecimiento de Fidelity Investments, Abigail Johnson ha mantenido la cultura empresarial familiar que ha sido una parte integral de la identidad de la empresa. Su enfoque en la continuidad y la integridad ha contribuido a la cohesión y la estabilidad a lo largo de los años.

Johnson ha demostrado un liderazgo inspirador, siendo la primera mujer en dirigir Fidelity Investments. Su capacidad para liderar con visión y fomentar un entorno de trabajo colaborativo ha contribuido al éxito sostenido de la firma.

Elon Musk: Visionario Empresario e Inversionista

La historia de Elon Musk es una narrativa fascinante de innovación, audacia y una visión única que ha llevado a la creación y el éxito de varias empresas disruptivas. Su enfoque emprendedor y su capacidad para asumir riesgos calculados lo han catapultado al estatus de uno de los empresarios más influyentes de la era moderna.

Elon Reeve Musk nació en junio de 1971, en Pretoria, Sudáfrica. Desde joven, mostró una inclinación hacia la tecnología y los negocios. Después de cofundar Zip2, una empresa de software, y venderla con éxito, Musk cofundó X.com, que más tarde se convirtió en PayPal y fue adquirida por eBay. Sin embargo, su visión iba más allá de los pagos en línea.

La historia de Elon Musk está llena de lecciones valiosas para emprendedores e inversionistas por igual. Musk es conocido por su enfoque implacable en la innovación. Fundó SpaceX con la misión de revolucionar la exploración espacial y Tesla para acelerar la transición hacia vehículos eléctricos sostenibles. Su liderazgo ha llevado al desarrollo de productos que desafían las convenciones y transforman industrias enteras.

Musk ha asumido riesgos audaces en cada una de sus empresas. Desde la fabricación de cohetes reutilizables en SpaceX hasta la producción masiva de vehículos eléctricos en Tesla, sus decisiones audaces han sido clave para el éxito de sus empresas y han cambiado paradigmas en sus respectivas industrias.

A pesar de los desafíos y críticas, Musk ha mantenido un enfoque a largo plazo en sus objetivos. Su visión abarca décadas, desde la colonización de Marte hasta la transición del mundo hacia fuentes de energía sostenibles. Esta perspectiva a largo plazo ha inspirado a inversores y líderes a pensar más allá de las ganancias inmediatas.

Musk ha enfrentado numerosos desafíos y críticas en su trayectoria, pero su resiliencia y determinación han sido fundamentales para superar obstáculos. Su capacidad para aprender de los fracasos y seguir adelante con determinación destaca la importancia de la tenacidad en el mundo empresarial.

Estos casos de éxito no solo proporcionan inspiración, sino también lecciones prácticas que pueden transformar tu enfoque hacia las inversiones. La paciencia, la comprensión, la diversificación, la adaptabilidad y la toma de riesgos calculados se entrelazan para crear historias de éxito financiero. Al aprender de aquellos que han pavimentado el camino, estarás mejor equipado para forjar tu propio camino hacia el crecimiento financiero exponencial.

Desarrolla tu Plan de Inversiones Personalizado

En esta última sección del capítulo, te guiaré en la creación de tu propio plan de inversiones personalizado. Integrarás los conocimientos adquiridos en las secciones anteriores para establecer objetivos claros, seleccionar estrategias adecuadas y construir una cartera que se alinee con tus metas financieras. Aprenderás a adaptar tu plan a medida que evolucionen tus circunstancias, garantizando un crecimiento sostenible y exitoso a lo largo del tiempo.

Establecer objetivos claros

El primer pilar de tu plan de inversiones es la definición de objetivos claros y alcanzables. Reflexiona sobre tus aspiraciones a corto, mediano y largo plazo. ¿Buscas un fondo de emergencia sólido, planificas la compra de una casa o aspiras a una jubilación cómoda? Establecer metas concretas proporciona la base sobre la cual construirás tu estrategia de inversión.

Recuerda siempre considerar la temporalidad y la cuantificación precisa de tus metas. No solo se trata de cuánto dinero deseas, sino también de cuánto necesitas. Este enfoque temporal será crucial para determinar el nivel de riesgo que estás dispuesto a asumir y el horizonte temporal de tu inversión.

La temporalidad, esa danza constante entre el presente y el futuro, se ha convertido en tu guía. No solo has aprendido a cuantificar tus metas, sino también a comprender la importancia crítica del tiempo en tu plan de inversiones. Este enfoque temporal es el que puede iluminar el camino, permitiéndote determinar el riesgo que estás dispuesto a asumir y el horizonte temporal de tus inversiones.

Al mirar hacia adelante, ten en cuenta que tus metas y circunstancias evolucionarán. Aquí radica la verdadera magia de tu plan de inversiones personalizado: la adaptabilidad. A lo largo del tiempo, aprenderás a ajustar las velas según las corrientes cambiantes, garantizando no solo un crecimiento sostenible, sino un éxito continuo en tu viaje financiero.

Te invito encarecidamente a abrazar la autonomía financiera que has forjado durante la lectura. Tu plan de inversiones es más que un documento; es tu hoja de ruta hacia el éxito financiero personal. Adáptalo, síguelo con confianza y observa cómo se transforma en el faro que ilumina el camino hacia tus sueños financieros más ambiciosos. Este es solo el comienzo de un viaje que te permitirá no solo acumular riqueza, sino vivir una vida plena y enriquecedora.

Capítulo 5:

Emprender con éxito en la Era Digital

En este fascinante segmento, nos sumergiremos en el dinámico universo del emprendimiento digital, explorando las infinitas posibilidades que ofrece el ciberespacio. Prepárate para descubrir cómo capitalizar las oportunidades en línea y convertirte en un hábil emprendedor, sin importar si estás dando tus primeros pasos en este emocionante camino.

A lo largo de estas páginas, te guiaré en el desarrollo de habilidades clave que te permitirán construir y hacer crecer tu propio negocio digital, incluso si eres un principiante. Desentrañaremos los secretos del éxito en la Era Digital, proporcionándote conocimientos prácticos y estrategias efectivas para enfrentar los desafíos que puedas encontrar en el vertiginoso mundo de los negocios en línea. Prepárate para transformar tus ideas en realidades digitales y desatar tu potencial emprendedor.

Navegando por el océano digital

El océano digital se presenta ante nosotros como un vasto territorio lleno de oportunidades emprendedoras que trascienden los límites convencionales. En esta sección, emprenderemos un viaje de exploración profunda, sumergiéndonos en las aguas digitales que ofrecen un escenario fértil para el crecimiento empresarial y la materialización de sueños.

Oportunidades en el océano digital

El océano digital es un universo inexplorado repleto de posibilidades. Desde la comodidad de tu hogar, puedes participar en una variedad de modelos de negocios en línea que abarcan desde el comercio electrónico, donde la transacción ocurre en el espacio virtual, hasta la creación de contenido que cautiva a audiencias de todo el mundo. La globalización digital ha abierto las puertas a emprendedores, permitiéndoles llegar más allá de las fronteras geográficas y tradicionales, convirtiendo a la red en el campo de juego de los visionarios.

Modelos de negocios en línea

Exploraremos los diversos modelos de negocios que prosperan en el océano digital. Desde el dinámico mundo del comercio electrónico, donde los productos y servicios encuentran su hogar en plataformas virtuales, hasta la creación de contenido que se convierte en el alma de la experiencia digital. Descubrirás cómo cada modelo tiene su propio ecosistema y cómo elegir el adecuado dependerá de tus habilidades, pasiones y metas emprendedoras.

Comercio electrónico: Navegando por tiendas virtuales

El comercio electrónico, uno de los pilares del emprendimiento digital, te invita a sumergirte en la creación y gestión de tiendas virtuales. Aprovecha plataformas líderes como Shopify o Amazon para exhibir tus productos y servicios a audiencias globales. Desde productos físicos hasta descargas digitales, el comercio electrónico ofrece un escaparate sin límites, permitiéndote construir tu propia tienda en línea y llegar a clientes de todo el mundo.

Afiliados y Marketing de Contenidos: construyendo puentes digitales

Conviértete en un afiliado y adéntrate en el marketing de contenidos para construir puentes digitales entre productos y consumidores. Promociona productos a través de contenido persuasivo, ya sea en un blog, canal de YouTube o redes sociales. Este modelo no solo te permite generar ingresos por cada venta referida, sino que también te desafía a crear contenido relevante y atractivo que resuene con tu audiencia, estableciendo una conexión auténtica.

Freelance y servicios en línea: Tu oficina global

Explora el vasto terreno del trabajo independiente ofreciendo tus habilidades y servicios especializados en plataformas como Upwork o Fiverr. Este modelo te conecta con clientes de todo el mundo, permitiéndote trabajar desde la comodidad de tu hogar y establecer tu propia oficina global. Desde redacción y diseño gráfico hasta programación y consultoría, las posibilidades son infinitas.

Creación de contenido: Monetiza tu creatividad y conocimientos

Si tu fortaleza reside en la creatividad y la expresión, la creación de contenido es tu camino. Ya sea a través de blogs, podcasts o videos, puedes monetizar tus ideas y conocimientos. Construye audiencias fieles a través de contenido valioso y auténtico, explorando colaboraciones publicitarias que no solo amplíen tu alcance, sino que también impulsen tus ingresos.

Cada uno de estos modelos de negocios en línea ofrece un camino único hacia el éxito digital. Explora, experimenta y descubre cuál se alinea mejor con tus habilidades y aspiraciones. El océano digital está lleno de oportunidades esperando a ser exploradas, y tú eres el capitán de tu propio viaje emprendedor.

Construyendo tu marca digital

El éxito en el entorno digital radica en la construcción de una marca sólida y auténtica. Aquí, te guiaré a través de los elementos esenciales para crear una presencia en línea distintiva. Desde la elección del nombre y diseño del logotipo hasta la creación de una estrategia de contenido coherente, aprenderás a destacarte en un mundo digital saturado y a construir una conexión genuina con tu audiencia.

No solo se trata de tener una presencia en línea, sino de construir una marca sólida y auténtica que destaque en medio del ruido digital. En esta sección, te orientaré detalladamente a través de los elementos esenciales para crear una presencia en línea distintiva que capture la esencia única de tu negocio.

Uno de los primeros pasos cruciales es la elección del nombre de tu marca. Este debe ser memorable, representar la identidad de tu negocio y ser fácil de recordar para tu audiencia objetivo. Además, debes elaborar estrategias efectivas para el diseño del logotipo, asegurándote de que sea visualmente atractivo y refleje la personalidad de tu marca. Te presento algunos pasos y consejos para elaborar estrategias efectivas en este proceso:

- *Define la identidad de tu marca*: Antes de comenzar con el diseño, comprende a fondo la identidad y los valores de tu marca. ¿Qué representa tu negocio? ¿Cuál es tu misión y visión? Estos elementos deben influir en el diseño del logotipo.

- *Conoce a tu audiencia*: Entender a tu audiencia objetivo es crucial. ¿A quién intentas llegar? Conocer los gustos y preferencias de tu público te permitirá crear un logotipo que resuene con ellos.

- *Investiga a la competencia*: Analiza los logotipos de tus competidores para asegurarte de que tu diseño sea único y se destaque en el mercado. No copies, pero identifica elementos exitosos que puedas adaptar de manera original.

- *Simplicidad es clave*: Un logotipo efectivo suele ser simple y fácil de recordar. Evita la sobrecarga de detalles y opta por un diseño limpio y claro que pueda ser reconocido rápidamente.

- *Versatilidad*: Considera la versatilidad del logotipo en diferentes contextos y medios. Debe funcionar bien en diversos tamaños y formatos, desde tarjetas de presentación hasta redes sociales y material impreso.

- *Elección de colores*: Los colores tienen un impacto psicológico significativo. Selecciona colores que no solo sean visualmente atractivos, sino que también transmitan la personalidad y valores de tu marca.

- *Tipografía adecuada*: Si el logotipo incorpora texto, elige una tipografía que complemente la identidad de tu marca. Asegúrate de que sea legible y se adapte al estilo general del diseño.

- *Pruebas y feedback*: Realiza pruebas del logotipo y recopila feedback antes de tomar decisiones finales. Puedes obtener valiosas opiniones de colegas, amigos o incluso encuestar a tu audiencia potencial.

- *Profesionalismo*: Si bien hay herramientas de diseño disponibles, considera la posibilidad de trabajar con un diseñador profesional. La inversión en un diseño de calidad puede marcar la diferencia en la percepción de tu marca.

- *Adaptabilidad en el tiempo*: Piensa en cómo tu logotipo resistirá el paso del tiempo. Evita modas pasajeras que puedan volver obsoleto el diseño rápidamente.

La coherencia es clave en el mundo digital, y la construcción de una marca no es la excepción. En un entorno digital saturado, destacar puede parecer un desafío abrumador. Sin embargo, debes saber cómo diferenciarte y captar la atención en este vasto océano digital. Desde técnicas de marketing digital hasta la creación de contenido único, exploraremos juntos maneras efectivas de destacarte y construir una conexión genuina con tu audiencia.

Recuerda, en la era digital, la autenticidad es clave. Aprenderás cómo transmitir la autenticidad de tu marca a través de cada aspecto de tu presencia en línea, construyendo así una conexión sólida y duradera con tu audiencia. Con esta guía detallada, estarás listo para forjar tu propio camino exitoso en el emprendimiento digital, construyendo una marca que no sólo destaque, sino que también perdure en la mente y el corazón de tu audiencia.

Desarrollo de habilidades clave

¿Eres un principiante en el vasto mundo digital? No te preocupes. Esta sección está diseñada especialmente para ti, centrándose en el desarrollo de habilidades clave que te empoderarán en tu emocionante viaje emprendedor. Desde la gestión eficiente del tiempo hasta el dominio de las herramientas digitales esenciales, aquí encontrarás las herramientas y conocimientos necesarios para superar cualquier barrera inicial y prosperar en el dinámico y competitivo mundo digital.

Habilidades clave para el éxito emprendedor

- *Gestión eficiente del tiempo:* Explora cursos en línea y libros sobre gestión del tiempo. Plataformas como Coursera, Udemy y Khan Academy ofrecen cursos especializados. Utiliza aplicaciones de gestión del tiempo como Trello o Asana para practicar y aplicar lo aprendido.
- *Desarrollo de la mentalidad emprendedora*: Lee libros sobre mentalidad emprendedora, como "Mindset: The New Psychology of Success" de Carol

S. Dweck. Participa en eventos de networking y busca mentores que compartan sus experiencias para inspirarte y aprender de sus desafíos.

- *Habilidades de comunicación digital:* Realiza cursos de comunicación en línea y practica la escritura persuasiva. Únete a comunidades en línea y participa activamente en redes sociales para mejorar tus habilidades de interacción y comunicación digital.

- *Dominio de herramientas digitales*: Explora tutoriales en línea y documentación oficial de herramientas como Google Analytics, Adobe Creative Cloud, y Slack. Prueba estas herramientas en proyectos prácticos y busca certificaciones para validar tus conocimientos.

- *Marketing digital y estrategias de ventas*: Realiza cursos especializados en marketing digital y ventas en plataformas como HubSpot Academy o Google Digital Garage. Aplica estos conocimientos en proyectos personales y busca la retroalimentación de profesionales de la industria.

- *Adaptabilidad y resiliencia:* Participa en seminarios y talleres sobre gestión del cambio y resiliencia.

Asume desafíos proactivamente, aprende de los errores y mantén una actitud positiva hacia la evolución tecnológica y los obstáculos empresariales.

Al seguir estos pasos, no solo adquirirás habilidades clave para el emprendimiento digital, sino que también te convertirás en un emprendedor más competente y preparado para enfrentar los desafíos del mundo digital.

Estrategias de monetización innovadoras

En esta emocionante sección, nos sumergiremos en el apasionante mundo de las estrategias de monetización innovadoras, donde convertirás tu presencia en línea en ingresos tangibles. Desde el marketing de afiliados hasta la creación y venta de productos digitales, descubrirás cómo diversificar tus fuentes de ingresos y aprovechar al máximo cada oportunidad para optimizar la rentabilidad de tu negocio digital.

Convertir tu presencia en línea en ingresos tangibles:

La presencia en línea no solo es acerca de ser visto, sino también de capitalizar ese alcance para generar ingresos significativos. A continuación, exploraremos algunas estrategias clave para convertir tu presencia digital en beneficios tangibles:

- *Marketing de afiliados:* Esta estrategia implica asociarse con otras empresas o productos y promocionarlos a través de tu plataforma. Obtienes una comisión por cada venta generada a través de tu enlace de afiliado. Aprenderás a seleccionar productos relevantes para tu audiencia y a optimizar las tácticas de marketing para maximizar tus ingresos.

  - *Selección de afiliados*: Investiga y selecciona productos o servicios afiliados relevantes para tu audiencia.

  - *Plataformas de afiliados*: Regístrate en plataformas de afiliados como Amazon Associates, ShareASale o ClickBank.

  - *Contenido relevante*: Integra en tu contenido enlaces de afiliados de manera orgánica y relevante.

  - *Transparencia*: Asegúrate de revelar tu relación de afiliado para construir confianza con tu audiencia.

- *Creación y venta de productos digitales*: Desarrollar y vender productos digitales es una forma efectiva de capitalizar tu experiencia y habilidades. Desde ebooks y cursos en línea hasta herramientas y recursos descargables, aprenderás a crear productos que resuelvan problemas específicos para tu audiencia y generar ingresos recurrentes.

  - *Identifica necesidades*: Investiga las necesidades de tu audiencia para desarrollar productos valiosos.

  - *Plataformas efectivas*: Utiliza plataformas como Gumroad o Teachable para vender tus productos digitales.

  - *Campañas de marketing*: Promociona tus productos de manera efectiva a través de redes sociales, blogs y correo electrónico.

  - *Feedback constante*: Recoge comentarios para mejorar continuamente tus productos digitales.

- *Patrocinios y colaboraciones*: Colaborar con marcas relevantes y recibir patrocinios puede ser una fuente lucrativa de ingresos. Descubrirás cómo establecer relaciones sólidas con marcas afines, negociar contratos beneficiosos y crear contenido patrocinado que beneficie tanto a tu audiencia como a tus patrocinadores.

- *Identificación estratégica*: Busca marcas que se alineen con tu contenido y valores.

- *Propuesta clara*: Desarrolla propuestas de colaboración claras y atractivas.

- *Negociación hábil*: Aprende a negociar acuerdos beneficiosos para ambas partes.

- *Autenticidad en el contenido*: Crea contenido patrocinado de manera auténtica para beneficio de tu audiencia y del patrocinador.

- *Suscripciones y membresías*: La creación de contenido exclusivo para suscriptores o miembros de una comunidad puede generar ingresos constantes. Explorarás cómo ofrecer valor adicional a tus seguidores a través de suscripciones mensuales o membresías anuales, creando un flujo constante de ingresos.

- *Contenido exclusivo*: Ofrece contenido exclusivo a tus suscriptores o miembros de la comunidad.

- *Plataformas especializadas*: Utiliza plataformas como Patreon o Substack para gestionar suscripciones.

- *Comunicación constante*: Mantén una comunicación continua para proporcionar valor adicional y retener a tus suscriptores.

• *Venta de espacios publicitarios*: Si tu plataforma tiene un tráfico significativo, la venta de espacios publicitarios puede ser una estrategia efectiva. Aprenderás a establecer tarifas competitivas, atraer anunciantes relevantes y gestionar eficientemente los acuerdos publicitarios.

- *Análisis estratégico*: Analiza tu tráfico y establece tarifas competitivas.

- *Kits de medios atractivos*: Crea kits de medios atractivos para presentar a posibles anunciantes.

- *Negociación transparente*: Negocia tarifas y acuerdos claros, priorizando la transparencia y la ejecución correcta del contrato.

• *Eventos y webinars pagados:* Organizar eventos en línea, seminarios web o cursos pagados puede ser una excelente manera de monetizar tu conocimiento. A través de la planificación, promoción y ejecución de eventos que no solo generen ingresos, sino que también fortalezcan tu autoridad en tu nicho.

- *Elección del formato*: Decide si organizarás eventos en vivo, seminarios web o cursos en línea.

- *Plataformas de eventos*: Utiliza plataformas como Zoom, Eventbrite o Teachable para organizar eventos pagados.

- *Promoción anticipada*: Inicia la promoción con anticipación para atraer participantes y maximizar las inscripciones.

- *Interactividad y valor añadido*: Asegúrate de ofrecer interactividad y un valor añadido durante los eventos para justificar el costo para los participantes.

La importancia del Marketing Digital

En el vertiginoso escenario digital de hoy, el marketing se erige como la fuerza motriz que impulsa al éxito empresarial. En esta sección, nos adentraremos en el fascinante mundo del marketing digital, donde cada estrategia y táctica desempeña un papel crucial en la consecución de los objetivos comerciales. Desde la optimización de motores de búsqueda (SEO) hasta las dinámicas estrategias de redes sociales, descubriremos cómo estas herramientas no solo llegan a la audiencia objetivo, sino que también construyen comunidades comprometidas y transforman seguidores en clientes leales.

En un entorno donde la presencia en línea se ha vuelto omnipresente, el marketing digital emerge como el medio más eficaz para conectar con una audiencia diversa y global. A través de plataformas digitales, las empresas pueden superar barreras geográficas y culturales, llegando a consumidores potenciales de manera instantánea y personalizada. La capacidad de adaptación y la medición precisa de resultados hacen del marketing digital una herramienta indispensable en el arsenal empresarial.

SEO: Optimización de motores de búsqueda

En el corazón del marketing digital yace el SEO, una disciplina crucial para mejorar la visibilidad en línea. SEO, o Search Engine Optimization, se refiere al conjunto de prácticas destinadas a mejorar la clasificación de un sitio web en los resultados de búsqueda. La optimización efectiva de contenido, el uso de palabras clave estratégicas y la construcción de enlaces de calidad son aspectos esenciales de SEO que aseguran que una empresa sea fácilmente encontrada por su audiencia objetivo. Al priorizar el SEO, no solo se incrementa la visibilidad, sino que también se establece la credibilidad y la confianza entre los usuarios.

Estrategias en redes sociales

En el tejido social de la era digital, las redes sociales se han convertido en plataformas fundamentales para el marketing. Estrategias inteligentes en estas plataformas no sólo generan reconocimiento de marca, sino que también fomentan la interacción directa con la audiencia. La creación de contenido atractivo y relevante, el uso de anuncios segmentados y la participación activa en conversaciones son aspectos clave para construir una comunidad comprometida. Tomemos como ejemplo la exitosa campaña de Nike en Instagram, donde combinaron imágenes visualmente impactantes con mensajes motivadores, logrando no solo aumentar su base de seguidores, sino también impulsar las conversiones y la lealtad a la marca.

Convertir seguidores en clientes leales

El verdadero éxito del marketing digital no radica sólo en atraer la atención, sino en convertir esa atención en lealtad. La construcción de relaciones sólidas a través de la interacción continua, la personalización de mensajes y la entrega constante de valor son elementos cruciales para transformar seguidores en clientes leales. Airbnb es un ejemplo paradigmático, ya que personaliza la experiencia de cada usuario, segmenta audiencias y ofrece recomendaciones adaptadas. Genera confianza a través de reseñas transparentes, rigurosas verificaciones de usuarios y programas de lealtad. Fomenta la repetición de negocios con incentivos, como el programa "Superhost", y utiliza campañas de email marketing personalizado. Destaca visualmente con contenido de alta calidad y se involucra activamente en redes sociales, creando una conexión emocional con su audiencia. Estas estrategias han consolidado a Airbnb como un referente en el mercado de alojamientos y experiencias.

Capítulo 6:

La Riqueza y el Propósito: Creando un legado duradero

En este capítulo, nos sumergiremos en la inspiradora historia de Blake Mycoskie, un visionario emprendedor cuya travesía demuestra de manera tangible la importancia de alinear los objetivos financieros con los valores y el propósito de vida. A través de su incansable búsqueda de significado y éxito, Mycoskie no solo construyó un imperio empresarial, sino que también forjó un legado duradero que ha tocado las vidas de millones.

Blake Mycoskie, un californiano con un espíritu emprendedor desde joven, no solo soñaba con construir una empresa exitosa, sino que buscaba un propósito que trascendiera los límites tradicionales del comercio. En 2006, durante un viaje a Argentina, tuvo un encuentro que cambiaría su vida y daría forma a su legado. Mycoskie fue testigo de la difícil realidad que enfrentaban muchos niños que carecían de calzado adecuado, una carencia que iba más allá de lo material y afectaba directamente su salud y bienestar.

Esta experiencia marcó el comienzo de TOMS, una empresa de calzado con un modelo de negocio innovador y un propósito claro. Por cada par de zapatos vendido, TOMS se comprometía a donar otro par a un niño necesitado. La misión era clara: mejorar vidas a través del comercio. Mycoskie no solo estaba construyendo una empresa exitosa, sino que también estaba generando un impacto positivo y duradero en comunidades de todo el mundo.

El éxito financiero de TOMS no se debió únicamente a la calidad de sus productos, sino a la autenticidad de su propósito. Los consumidores no sólo compraban un par de zapatos, sino que se convertían en parte de una narrativa más grande de generosidad y contribución social. Esta conexión emocional impulsó el crecimiento de TOMS, convirtiéndolo en un fenómeno global y mostrando al mundo que una empresa puede ser rentable y al mismo tiempo hacer el bien.

A medida que TOMS se expandía, Mycoskie no se detuvo en su búsqueda de impacto positivo. La empresa amplió su modelo "One for One" a otras categorías, como anteojos y café, abordando diversas necesidades humanas. El éxito financiero continuó, pero lo más significativo fue el legado que estaba construyendo: un legado de responsabilidad social empresarial y un recordatorio de que los negocios pueden ser una fuerza para el bien.

El impacto de Mycoskie no terminó en las transacciones comerciales. Inspiró a otros empresarios a considerar el propósito más allá de las ganancias, a explorar cómo sus empresas podrían contribuir al bienestar de la sociedad. Su historia es un testimonio viviente de que alinear los objetivos financieros con los valores y el propósito de vida no solo es ético, sino también un impulsor potente de éxito y satisfacción personal.

Hoy, el legado de Blake Mycoskie vive no sólo en los productos de TOMS, sino en la forma en que ha desafiado y transformado la concepción tradicional de los negocios. A través de su historia, aprendemos que construir riqueza con propósito no solo crea un impacto duradero, sino que también deja un legado que inspira a las generaciones futuras a perseguir el éxito con un sentido más profundo de responsabilidad y servicio hacia el mundo que habitamos.

Capítulo 7:

Estrategias avanzadas de protección de patrimonio

En la intrincada danza del mundo financiero, la salvaguardia y el crecimiento del patrimonio se erigen como elementos fundamentales para aquellos que buscan la maestría en la gestión de sus recursos. Este capítulo nos invita a sumergirnos en el núcleo mismo de la inteligencia financiera, donde las estrategias avanzadas de protección de patrimonio se revelan como faros guías en la travesía hacia el éxito económico.

La cimentación de cualquier estrategia de protección patrimonial se forja a través de la creación de estructuras legales sólidas. Es sumamente importante conocer el arte de evaluar tus necesidades y objetivos específicos, trazando así el mapa que guiará la elección de la estructura legal más pertinente para tu situación única.

Los fideicomisos, maestros en la preservación y transferencia controlada de activos, despliegan su versatilidad ante nosotros. Ya sea a través de fideicomisos revocables que ofrecen flexibilidad, o irrevocables que brindan una protección más robusta, descubrirás cómo estas herramientas pueden esculpir el destino de tu legado financiero.

Las sociedades y empresas familiares, por su parte, se erigen como guardianes de la continuidad generacional. Al explorar la creación de estas entidades, te sumergirás en el diseño de acuerdos de accionistas, protocolos familiares y estructuras de gobernanza que asegurarán la armonía y la eficacia en la gestión de los activos familiares.

Las fundaciones, entidades que amalgaman la nobleza de objetivos filantrópicos con la salvaguardia patrimonial, te recibirán con sus brazos abiertos. Aprenderás cómo estas estructuras proporcionan un santuario para la administración de activos, al tiempo que te permiten contribuir de manera significativa a causas benéficas.

En el laberinto de las leyes fiscales y de sucesión, nuestro camino se iluminará con el consejo de expertos legales especializados. Con su guía, podrás sortear con destreza los desafíos normativos, asegurando que tus estructuras legales no solo sean sólidas, sino también plenamente conformes con las leyes locales.

Al llegar al final de este viaje por las estrategias avanzadas de protección de patrimonio, es esencial recordar que, más allá de las estructuras legales y la diversificación de activos, la verdadera fortaleza radica en la *mentalidad del individuo* y su *capacidad de ejecución*.

La creación de estructuras legales robustas y la diversificación inteligente de activos son herramientas poderosas, pero su efectividad se potencia cuando se combinan con una mentalidad resiliente y enfocada en el crecimiento. La toma de decisiones informada y la adaptabilidad a las circunstancias cambiantes son habilidades clave que transforman las estrategias en resultados tangibles.

En última instancia, tu éxito financiero no solo se basa en el conocimiento adquirido, sino en la aplicación efectiva de este conocimiento en tu vida diaria. La mentalidad emprendedora, la disciplina financiera y la habilidad para ejecutar las estrategias aprendidas son los catalizadores que transformarán tus aspiraciones en logros tangibles.

Conclusión

En la búsqueda de la riqueza infinita, hemos explorado estrategias innovadoras que desafían las convenciones y amplían nuestra comprensión del juego del dinero. A lo largo de este viaje, hemos descubierto que la verdadera riqueza va más allá de las cifras en una cuenta bancaria; radica en la sabiduría para invertir en uno mismo, en la capacidad de generar impacto positivo en la vida de los demás y en la habilidad de adaptarse y aprender continuamente. Recordemos que la verdadera riqueza no solo se mide en términos monetarios, sino en la plenitud de una vida bien vivida. En última instancia, la riqueza infinita se construye no solo acumulando activos financieros, sino también cultivando relaciones significativas, contribuyendo a la comunidad y encontrando un equilibrio sostenible entre la prosperidad material y el bienestar emocional. Que esta búsqueda nos inspire a todos a perseguir la riqueza de manera holística, con un enfoque innovador y consciente que trascienda los límites convencionales del juego del dinero.